TRANZLATY

El idioma es para todos

Мова для всіх

El llamado de lo salvaje

Поклик дикої природи

Jack London
Джек Лондон

Espñaol / Українська

Copyright © 2025 Tranzlaty
All rights reserved
Published by Tranzlaty
ISBN: 978-1-80572-867-2
Original text by Jack London
The Call of the Wild
First published in 1903
www.tranzlaty.com

Hacia lo primitivo
У первісну епоху

Buck no leía los periódicos.
Бак не читав газет.
Si hubiera leído los periódicos habría sabido que se avecinaban problemas.
Якби він читав газети, то знав би, що назрівають проблеми.
Hubo problemas, no sólo para él sino para todos los perros de la marea.
Це були проблеми не лише для нього самого, а й для кожного собаки, що мешкає на припливній воді.
Todo perro con músculos fuertes y pelo largo y cálido iba a estar en problemas.
Кожен собака, міцний, м'язистий та з довгою теплою шерстю, мав би потрапити в халепу.
Desde Puget Bay hasta San Diego ningún perro podía escapar de lo que se avecinaba.
Від П'юджет-Бей до Сан-Дієго жоден собака не міг уникнути того, що мало статися.
Los hombres, a tientas en la oscuridad del Ártico, encontraron un metal amarillo.
Чоловіки, навпомацки блукаючи в арктичній темряві, знайшли жовтий метал.
Las compañías navieras y de transporte iban en busca del descubrimiento.
Пароплавні та транспортні компанії полювали на це відкриття.
Miles de hombres se precipitaron hacia el norte.
Тисячі чоловіків поспішали на Північ.
Estos hombres querían perros, y los perros que querían eran perros pesados.
Ці чоловіки хотіли собак, і собаки, які вони хотіли, були важкими собаками.
Perros con músculos fuertes para trabajar.

Собаки з сильними м'язами, за допомогою яких можна наполегливо працювати.
Perros con abrigos peludos para protegerlos de las heladas.
Собаки з пухнастою шерстю, щоб захистити їх від морозу.

Buck vivía en una casa grande en el soleado valle de Santa Clara.
Бак жив у великому будинку в сонячній долині Санта-Клара.
El lugar del juez Miller, se llamaba su casa.
Будинок судді Міллера, так його називали.
Su casa estaba apartada de la carretera, medio oculta entre los árboles.
Його будинок стояв осторонь від дороги, наполовину прихований серед дерев.
Se podían ver destellos de la amplia terraza que rodeaba la casa.
Можна було побачити широку веранду, що оточує будинок.
Se accedía a la casa mediante caminos de grava.
До будинку вели гравійні під'їзні шляхи.
Los caminos serpenteaban a través de amplios prados.
Стежки звивались крізь широкі розлогі галявини.
Allá arriba se veían las ramas entrelazadas de altos álamos.
Над головою перепліталися гілки високих тополь.
En la parte trasera de la casa las cosas eran aún más espaciosas.
У задній частині будинку було ще просторіше.
Había grandes establos, donde una docena de mozos de cuadra charlaban.
Там були великі стайні, де базікали з десяток конюхів
Había hileras de casas de servicio cubiertas de enredaderas.
Там були ряди хатин слуг, обшитих виноградною лозою
Y había una interminable y ordenada serie de letrinas.
І там був нескінченний та впорядкований ряд господарських приміщень
Largos parrales, verdes pastos, huertos y campos de bayas.

Довгі виноградні альтанки, зелені пасовища, фруктові сади та ягідні грядки.
Luego estaba la planta de bombeo del pozo artesiano.
Потім була насосна станція для артезіанської свердловини.
Y allí estaba el gran tanque de cemento lleno de agua.
А там був великий цементний резервуар, наповнений водою.
Aquí los muchachos del juez Miller dieron su chapuzón matutino.
Тут хлопці судді Міллера здійснили своє ранкове купання.
Y allí también se refrescaron en la calurosa tarde.
І вони також охолоджувалися там у спекотний день.
Y sobre este gran dominio, Buck era quien lo gobernaba todo.
І над цим великим володінням усім правив Бак.
Buck nació en esta tierra y vivió aquí todos sus cuatro años.
Бак народився на цій землі та прожив тут усі свої чотири роки.
Efectivamente había otros perros, pero realmente no importaban.
Дійсно, були й інші собаки, але вони насправді не мали значення.
En un lugar tan vasto como éste se esperaban otros perros.
У такому величезному місці, як це, очікували інших собак.
Estos perros iban y venían, o vivían dentro de las concurridas perreras.
Ці собаки приходили та йшли, або жили в людних вольєрах.
Algunos perros vivían escondidos en la casa, como Toots e Ysabel.
Деякі собаки жили захованими в будинку, як-от Тутс та Ізабель.
Toots era un pug japonés, Ysabel una perra mexicana sin pelo.
Тутс був японським мопсом, а Ізабель — мексиканською лисою собакою.
Estas extrañas criaturas rara vez salían de la casa.

Ці дивні істоти рідко виходили за межі дому.
No tocaron el suelo ni olieron el aire libre del exterior.
Вони не торкалися землі і не нюхали відкритого повітря надворі.
También estaban los fox terriers, al menos veinte en número.
Були також фокстер'єри, щонайменше двадцять штук.
Estos terriers le ladraron ferozmente a Toots y a Ysabel dentro de la casa.
Ці тер'єри люто гавкали на Тутса та Ізабель у приміщенні.
Toots e Ysabel se quedaron detrás de las ventanas, a salvo de todo daño.
Тутс та Ізабель залишилися за вікнами, у безпеці від небезпеки.
Estaban custodiados por criadas con escobas y trapeadores.
Їх охороняли служниці з мітлами та швабрами.
Pero Buck no era un perro de casa ni tampoco de perrera.
Але Бак не був домашнім собакою, і він також не був собакою для собачої собачки.
Toda la propiedad pertenecía a Buck como su legítimo reino.
Вся власність належала Баку як його законне володіння.
Buck nadaba en el tanque o salía a cazar con los hijos del juez.
Бак плавав у акваріумі або ходив на полювання з синами судді.
Caminaba con Mollie y Alice temprano o tarde.
Він гуляв з Моллі та Алісою рано чи пізно вранці.
En las noches frías yacía junto al fuego de la biblioteca con el juez.
Холодними ночами він лежав біля каміна в бібліотеці разом із суддею.
Buck llevaba a los nietos del juez en su fuerte espalda.
Бак возив онуків Судді на своїй міцній спині.
Se revolcó en el césped con los niños, vigilándolos de cerca.
Він валявся в траві з хлопцями, пильно їх охороняючи.
Se aventuraron hasta la fuente e incluso pasaron por los campos de bayas.

Вони наважилися підійти до фонтану і навіть пройшли повз ягідні поля.

Entre los fox terriers, Buck caminaba siempre con orgullo real.

Серед фокстер'єрів Бак завжди ходив з королівською гордістю.

Él ignoró a Toots y Ysabel, tratándolos como si fueran aire.

Він ігнорував Тутса та Ізабель, ставлячись до них, ніби вони були повітрям.

Buck reinaba sobre todas las criaturas vivientes en la tierra del juez Miller.

Бак панував над усіма живими істотами на землі судді Міллера.

Él gobernaba a los animales, a los insectos, a los pájaros e incluso a los humanos.

Він панував над тваринами, комахами, птахами і навіть людьми.

El padre de Buck, Elmo, había sido un San Bernardo enorme y leal.

Батько Бака, Елмо, був величезним і відданим сенбернаром.

Elmo nunca se apartó del lado del juez y le sirvió fielmente.

Елмо ніколи не відходив від Судді та вірно служив йому.

Buck parecía dispuesto a seguir el noble ejemplo de su padre.

Здавалося, Бак був готовий наслідувати благородний приклад свого батька.

Buck no era tan grande: pesaba ciento cuarenta libras.

Бак був не такий великий, важив сто сорок фунтів.

Su madre, Shep, había sido una excelente perra pastor escocesa.

Його мати, Шеп, була чудовою шотландською вівчаркою.

Pero incluso con ese peso, Buck caminaba con presencia majestuosa.

Але навіть з такою вагою Бак йшов з королівською повагою.

Esto fue gracias a la buena comida y al respeto que siempre recibió.
Це походило від смачної їжі та поваги, яку він завжди отримував.
Durante cuatro años, Buck había vivido como un noble mimado.
Чотири роки Бак жив як розпещений дворянин.
Estaba orgulloso de sí mismo y hasta era un poco egoísta.
Він пишався собою і навіть трохи егоїстично ставився.
Ese tipo de orgullo era común entre los señores de países remotos.
Така гордість була поширена серед володарів віддалених сільських районів.
Pero Buck se salvó de convertirse en un perro doméstico mimado.
Але Бак врятував себе від того, щоб стати розпещеним домашнім собакою.
Se mantuvo delgado y fuerte gracias a la caza y el ejercicio.
Він залишався струнким і сильним завдяки полюванню та фізичним вправам.
Amaba profundamente el agua, como la gente que se baña en lagos fríos.
Він глибоко любив воду, як люди, що купаються в холодних озерах.
Este amor por el agua mantuvo a Buck fuerte y muy saludable.
Ця любов до води зберегла Бака сильним і дуже здоровим.
Éste era el perro en que se había convertido Buck en el otoño de 1897.
Таким собакою став Бак восени 1897 року.
Cuando la huelga de Klondike arrastró a los hombres hacia el gélido Norte.
Коли удар на Клондайку відтягнув чоловіків на замерзлу Північ.
La gente acudió en masa desde todos los rincones del mundo hacia aquella tierra fría.
Люди з усього світу кинулися в холодну землю.

Buck, sin embargo, no leía los periódicos ni entendía las noticias.
Бак, однак, не читав газет і не розумів новин.
Él no sabía que Manuel era un mal hombre con quien estar.
Він не знав, що Мануель — погана людина.
Manuel, que ayudaba en el jardín, tenía un problema profundo.
Мануель, який допомагав у саду, мав серйозну проблему.
Manuel era adicto al juego de la lotería china.
Мануель був залежним від азартних ігор у китайській лотереї.
También creía firmemente en un sistema fijo para ganar.
Він також твердо вірив у фіксовану систему перемоги.
Esa creencia hizo que su fracaso fuera seguro e inevitable.
Ця віра робила його невдачу неминучою та неминучою.
Jugar con un sistema exige dinero, del que Manuel carecía.
Гра за системою вимагає грошей, яких у Мануеля не було.
Su salario apenas alcanzaba para mantener a su esposa y a sus numerosos hijos.
Його зарплата ледве дозволяла утримувати дружину та численних дітей.
La noche en que Manuel traicionó a Buck, las cosas estaban normales.
У ніч, коли Мануель зрадив Бака, все було нормально.
El juez estaba en una reunión de la Asociación de Productores de Pasas.
Суддя був на зустрічі Асоціації виробників родзинок.
Los hijos del juez estaban entonces ocupados formando un club atlético.
Сини судді тоді були зайняті створенням спортивного клубу.
Nadie vio a Manuel y Buck salir por el huerto.
Ніхто не бачив, як Мануель і Бак йшли через сад.
Buck pensó que esta caminata era simplemente un simple paseo nocturno.
Бак подумав, що ця прогулянка була простою нічною прогулянкою.

Se encontraron con un solo hombre en la estación de la bandera, en College Park.
На станції прапорів у Коледж-Парку вони зустріли лише одного чоловіка.
Ese hombre habló con Manuel y intercambiaron dinero.
Той чоловік поговорив з Мануелем, і вони обмінялися грошима.
"Envuelva la mercancía antes de entregarla", sugirió.
«Запакуйте товари, перш ніж доставляти їх», – запропонував він.
La voz del hombre era áspera e impaciente mientras hablaba.
Голос чоловіка був грубим і нетерплячим, коли він говорив.
Manuel ató cuidadosamente una cuerda gruesa alrededor del cuello de Buck.
Мануель обережно обв'язав товсту мотузку навколо шиї Бака.
"Si retuerces la cuerda, lo estrangularás bastante"
«Скрутиш мотузку — і ти його як слід задушиш»
El extraño emitió un gruñido, demostrando que entendía bien.
Незнайомець щось пробурмотів, показуючи, що добре зрозумів.
Buck aceptó la cuerda con calma y tranquila dignidad ese día.
Того дня Бак прийняв мотузку спокійно та тихо з гідністю.
Fue un acto inusual, pero Buck confiaba en los hombres que conocía.
Це був незвичайний вчинок, але Бак довіряв чоловікам, яких знав.
Él creía que su sabiduría iba mucho más allá de su propio pensamiento.
Він вважав, що їхня мудрість виходить далеко за межі його власного мислення.
Pero entonces la cuerda fue entregada a manos del extraño.
Але потім мотузку передали до рук незнайомця.

Buck emitió un gruñido bajo que advertía con una amenaza silenciosa.
Бак тихо загарчав, але з тихою загрозою.
Era orgulloso y autoritario y quería mostrar su descontento.
Він був гордий і владний, і мав намір показати своє невдоволення.
Buck creyó que su advertencia sería entendida como una orden.
Бак вважав, що його попередження буде сприйнято як наказ.
Para su sorpresa, la cuerda se tensó rápidamente alrededor de su grueso cuello.
На його подив, мотузка міцно затягнулася навколо його товстої шиї.
Se quedó sin aire y comenzó a luchar con una furia repentina.
Йому перехопило повітря, і він почав битися в раптовому гніві.
Saltó hacia el hombre, quien rápidamente se encontró con Buck en el aire.
Він стрибнув на чоловіка, який швидко зустрів Бака в повітрі.
El hombre agarró la garganta de Buck y lo retorció hábilmente en el aire.
Чоловік схопив Бака за горло та вміло скрутив його в повітрі.
Buck fue arrojado al suelo con fuerza, cayendo de espaldas.
Бака сильно кинуло вниз, і він приземлився ниць на спину.
La cuerda ahora lo estrangulaba cruelmente mientras él pateaba salvajemente.
Мотузка жорстоко душила його, поки він шалено бив ногами.
Se le cayó la lengua, su pecho se agitó, pero no recuperó el aliento.
Його язик випав, груди здіймалися, але дихання не відбувалося.
Nunca había sido tratado con tanta violencia en su vida.

З ним ніколи в житті не поводилися так жорстоко.
Tampoco nunca antes se había sentido tan lleno de furia.
Він також ніколи раніше не був сповнений такої глибокої люті.
Pero el poder de Buck se desvaneció y sus ojos se volvieron vidriosos.
Але сила Бака зникла, а його очі стали скляними.
Se desmayó justo cuando un tren se detuvo cerca.
Він знепритомнів саме тоді, коли неподалік зупинився поїзд.
Luego los dos hombres lo arrojaron rápidamente al vagón de equipaje.
Потім двоє чоловіків швидко кинули його у багажний вагон.
Lo siguiente que sintió Buck fue dolor en su lengua hinchada.
Наступне, що Бак відчув, був біль у набряклому язиці.
Se desplazaba en un carro tambaleante, apenas consciente.
Він рухався у тремтячому візку, ледь притомний.
El agudo grito del silbato del tren le indicó a Buck su ubicación.
Різкий свист поїзда підказав Баку його місцезнаходження.
Había viajado muchas veces con el Juez y conocía esa sensación.
Він часто їздив верхи з Суддею і знав це відчуття.
Fue una experiencia única viajar nuevamente en un vagón de equipajes.
Це було неповторне відчуття від подорожі у багажному вагоні знову.
Buck abrió los ojos y su mirada ardía de rabia.
Бак розплющив очі, і його погляд палав люттю.
Esta fue la ira de un rey orgulloso destronado.
Це був гнів гордого царя, скинутого з трону.
Un hombre intentó agarrarlo, pero Buck lo atacó primero.
Чоловік простягнув руку, щоб схопити його, але Бак вдарив першим.

Hundió los dientes en la mano del hombre y la sujetó con fuerza.

Він вп'явся зубами в руку чоловіка і міцно тримав.

No lo soltó hasta que se desmayó por segunda vez.

Він не відпускав, аж поки вдруге не знепритомнів.

—Sí, tiene ataques —murmuró el hombre al maletero.

«Так, у нього припадки», — пробурмотів чоловік багажнику.

El maletero había oído la lucha y se acercó.

Багажник почув боротьбу і підійшов ближче.

"Lo llevaré a Frisco para el jefe", explicó el hombre.

«Я везу його до Фріско до боса», — пояснив чоловік.

"Allí hay un buen veterinario que dice poder curarlos".

«Там є чудовий собаківник, який каже, що може їх вилікувати».

Más tarde esa noche, el hombre dio su propio relato completo.

Пізніше того ж вечора чоловік дав свою повну розповідь.

Habló desde un cobertizo detrás de un salón en los muelles.

Він говорив з сараю за салуном на доках.

"Lo único que me dieron fueron cincuenta dólares", se quejó al tabernero.

«Мені дали лише п'ятдесят доларів», – поскаржився він працівнику салуну.

"No lo volvería a hacer ni por mil dólares en efectivo".

«Я б не зробив цього знову, навіть за тисячу готівкою».

Su mano derecha estaba fuertemente envuelta en un paño ensangrentado.

Його права рука була щільно обмотана закривавленою тканиною.

La pernera de su pantalón estaba abierta de par en par desde la rodilla hasta el pie.

Його штанина була розірвана від коліна до п'яти.

—¿Cuánto le pagaron al otro tipo? —preguntó el tabernero.

«Скільки отримав інший кухоль?» — спитав працівник салуну.

"Cien", respondió el hombre, "no aceptaría ni un centavo menos".
«Сотню», — відповів чоловік, — «він не візьме ні цента менше».
—Eso suma ciento cincuenta —dijo el tabernero.
«Виходить сто п'ятдесят», — сказав працівник салуну.
"Y él lo vale todo, o no soy más que un idiota".
«І він вартий усього цього, бо інакше я не кращий за йолопа».
El hombre abrió los envoltorios para examinar su mano.
Чоловік розгорнув обгортку, щоб оглянути свою руку.
La mano estaba gravemente desgarrada y cubierta de sangre seca.
Рука була сильно порвана та вкрита кіркою засохлої крові.
"Si no consigo la hidrofobia..." empezó a decir.
«Якщо в мене не почнеться гідрофобія...» — почав він.
"Será porque naciste para la horca", dijo entre risas.
«Це буде тому, що ти народився вішати», — пролунав сміх.
"Ven a ayudarme antes de irte", le pidieron.
«Допоможи мені, перш ніж ти підеш», – попросили його.
Buck estaba aturdido por el dolor en la lengua y la garganta.
Бак був приголомшений болем у язиці та горлі.
Estaba medio estrangulado y apenas podía mantenerse en pie.
Він був наполовину задушений і ледве міг стояти на ногах.
Aún así, Buck intentó enfrentar a los hombres que lo habían lastimado.
І все ж Бак намагався дивитися в очі чоловікам, які так його образили.
Pero lo derribaron y lo estrangularon una vez más.
Але вони знову кинули його на землю та задушили.
Sólo entonces pudieron quitarle el pesado collar de bronce.
Тільки тоді вони змогли відпиляти його важкий латунний нашийник.
Le quitaron la cuerda y lo metieron en una caja.
Вони зняли мотузку та запхали його в клітку.

La caja era pequeña y tenía la forma de una tosca jaula de hierro.
Ящик був невеликий і за формою нагадував грубу залізну клітку.
Buck permaneció allí toda la noche, lleno de ira y orgullo herido.
Бак пролежав там усю ніч, сповнений гніву та ображеної гордості.
No podía ni siquiera empezar a comprender lo que le estaba pasando.
Він ніяк не міг зрозуміти, що з ним відбувається.
¿Por qué estos hombres extraños lo mantenían en esa pequeña caja?
Чому ці дивні чоловіки тримали його в цій маленькій клітці?
¿Qué querían de él y por qué este cruel cautiverio?
Чого вони від нього хотіли, і чому цей жорстокий полон?
Sintió una presión oscura; una sensación de desastre que se acercaba.
Він відчував темний тиск; відчуття наближення катастрофи.
Era un miedo vago, pero que se apoderó pesadamente de su espíritu.
Це був нечіткий страх, але він важко дав йому на душу.
Saltó varias veces cuando la puerta del cobertizo vibró.
Кілька разів він підстрибував, коли двері сараю загуркотіли.
Esperaba que el juez o los muchachos aparecieran y lo rescataran.
Він очікував, що з'явиться Суддя або хлопці та врятує його.
Pero cada vez sólo se asomaba el rostro gordo del tabernero.
Але щоразу всередину заглядало лише огрядне обличчя власника салуну.
El rostro del hombre estaba iluminado por el tenue resplandor de una vela de sebo.
Обличчя чоловіка освітлювало тьмяне сяйво сальній свічки.

Cada vez, el alegre ladrido de Buck cambiaba a un gruñido bajo y enojado.
Щоразу радісний гавкіт Бака змінювався низьким, сердитим гарчанням.

El tabernero lo dejó solo durante la noche en el cajón.
Власник салуну залишив його самого на ніч у клітці.
Pero cuando se despertó por la mañana, venían más hombres.
Але коли він прокинувся вранці, наближалося ще більше чоловіків.
Llegaron cuatro hombres y recogieron la caja con cuidado y sin decir palabra.
Підійшли четверо чоловіків і обережно підняли ящик, не кажучи ні слова.
Buck supo de inmediato en qué situación se encontraba.
Бак одразу зрозумів, у якому становищі він опинився.
Eran otros torturadores contra los que tenía que luchar y a los que tenía que temer.
Вони були ще більшими мучителями, з якими йому доводилося боротися та яких він боявся.
Estos hombres parecían malvados, andrajosos y muy mal arreglados.
Ці чоловіки виглядали злими, обшарпаними та дуже погано доглянутими.
Buck gruñó y se abalanzó sobre ellos ferozmente a través de los barrotes.
Бак загарчав і люто кинувся на них крізь грати.
Ellos simplemente se rieron y lo golpearon con largos palos de madera.
Вони лише сміялися та тикали його довгими дерев'яними палицями.
Buck mordió los palos y luego se dio cuenta de que eso era lo que les gustaba.
Бак покусував палиці, а потім зрозумів, що саме це їм і подобається.

Así que se quedó acostado en silencio, hosco y ardiendo de rabia silenciosa.
Тож він ліг тихо, похмурий і палаючи тихою люттю.
Subieron la caja a un carro y se fueron con él.
Вони завантажили ящик у фургон і поїхали з ним.
La caja, con Buck encerrado dentro, cambiaba de manos a menudo.
Ящик, в якому був замкнений Бак, часто переходив з рук в руки.
Los empleados de la oficina exprés se hicieron cargo de él y lo atendieron brevemente.
Клерки експрес-відділення взялися за справу та коротко з ним розібралися.
Luego, otro carro transportó a Buck a través de la ruidosa ciudad.
Потім інший фургон повіз Бака через галасливе місто.
Un camión lo llevó con cajas y paquetes a un ferry.
Вантажівка з коробками та посилками завезла його на пором.
Después de cruzar, el camión lo descargó en una estación ferroviaria.
Після перетину вантажівка вивантажила його на залізничному депо.
Finalmente, colocaron a Buck dentro de un vagón expreso que lo esperaba.
Нарешті Бака посадили у вагон експреса, що чекав.
Durante dos días y dos noches, los trenes arrastraron el vagón expreso.
Протягом двох днів і ночей поїзди тягнули швидкісний вагон геть.
Buck no comió ni bebió durante todo el doloroso viaje.
Бак не їв і не пив протягом усієї болісної подорожі.
Cuando los mensajeros expresos intentaron acercarse a él, gruñó.
Коли кур'єри спробували підійти до нього, він загарчав.
Ellos respondieron burlándose de él y molestándolo cruelmente.

Вони відповіли, насміхаючись з нього та жорстоко дражнячи його.

Buck se arrojó contra los barrotes, echando espuma y temblando.

Бак кинувся на ґрати, пінився і тремтів.

Se rieron a carcajadas y se burlaron de él como matones del patio de la escuela.

вони голосно сміялися та знущалися з нього, як шкільні хулігани.

Ladraban como perros de caza y agitaban los brazos.

Вони гавкали, як фальшиві собаки, і розмахували руками.

Incluso cantaron como gallos sólo para molestarlo más.

Вони навіть кукурікали, як півні, тільки щоб ще більше його засмутити.

Fue un comportamiento tonto y Buck sabía que era ridículo.

Це була дурна поведінка, і Бак знав, що це смішно.

Pero eso sólo profundizó su sentimiento de indignación y vergüenza.

Але це лише посилило його почуття обурення та сорому.

Durante el viaje no le molestó mucho el hambre.

Під час подорожі його не дуже турбував голод.

Pero la sed traía consigo un dolor agudo y un sufrimiento insoportable.

Але спрага приносила гострий біль і нестерпні страждання.

Su garganta y lengua secas e inflamadas ardían de calor.

Його сухе, запалене горло та язик пекли від жару.

Este dolor alimentó la fiebre que crecía dentro de su orgulloso cuerpo.

Цей біль підживлював жар, що піднімався в його гордому тілі.

Buck estuvo agradecido por una sola cosa durante esta prueba.

Бак був вдячний за одну єдину річ під час цього випробування.

Le habían quitado la cuerda que le rodeaba el grueso cuello.

Мотузку зняли з його товстої шиї.

La cuerda había dado a esos hombres una ventaja injusta y cruel.
Мотузка дала цим чоловікам несправедливу та жорстоку перевагу.
Ahora la cuerda había desaparecido y Buck juró que nunca volvería.
Тепер мотузки не було, і Бак клявся, що вона ніколи не повернеться.
Decidió que nunca más volvería a pasarle una cuerda al cuello.
Він вирішив, що жодна мотузка більше ніколи не обв'яже його шию.
Durante dos largos días y noches sufrió sin comer.
Протягом двох довгих днів і ночей він страждав без їжі.
Y en esas horas se fue acumulando en su interior una rabia enorme.
І в ці години він накопичив у собі величезну лють.
Sus ojos se volvieron inyectados en sangre y salvajes por la ira constante.
Його очі налилися кров'ю та стали дикими від постійного гніву.
Ya no era Buck, sino un demonio con mandíbulas chasqueantes.
Він більше не був Баком, а демоном із клацаючими щелепами.
Ni siquiera el juez habría reconocido a esta loca criatura.
Навіть Суддя не впізнав би цю божевільну істоту.
Los mensajeros exprés suspiraron aliviados cuando llegaron a Seattle.
Кур'єри зітхнули з полегшенням, коли дісталися до Сіетла.
Cuatro hombres levantaron la caja y la llevaron a un patio trasero.
Четверо чоловіків підняли ящик і винесли його на задній двір.
El patio era pequeño, rodeado de muros altos y sólidos.

Двір був невеликий, оточений високими та міцними стінами.
Un hombre corpulento salió con una camisa roja holgada.
Звідти вийшов кремезний чоловік у обвислій червоній сорочці-светрі.
Firmó el libro de entrega con letra gruesa y atrevida.
Він підписав книгу прийому-передачі товстим і жирним почерком.
Buck sintió de inmediato que este hombre era su próximo torturador.
Бак одразу відчув, що цей чоловік — його наступний мучитель.
Se abalanzó violentamente contra los barrotes, con los ojos rojos de furia.
Він люто кинувся на ґрати, його очі були червоні від люті.
El hombre simplemente sonrió oscuramente y fue a buscar un hacha.
Чоловік лише похмуро посміхнувся та пішов по сокирку.
También traía un garrote en su gruesa y fuerte mano derecha.
Він також приніс палицю у своїй товстій і сильній правій руці.
"¿Vas a sacarlo ahora?" preguntó preocupado el conductor.
«Ви його зараз вивезете?» — стурбовано запитав водій.
—Claro —dijo el hombre, metiendo el hacha en la caja a modo de palanca.
«Звичайно», — сказав чоловік, встромляючи сокирку в ящик як важіль.
Los cuatro hombres se dispersaron instantáneamente y saltaron al muro del patio.
Четверо чоловіків миттєво розбіглися, пострибавши на стіну подвір'я.
Desde sus lugares seguros arriba, esperaban para observar el espectáculo.
Зі своїх безпечних місць угорі вони чекали, щоб спостерігати за видовищем.

Buck se abalanzó sobre la madera astillada, mordiéndola y sacudiéndola ferozmente.
Бак кинувся на розколотий ґрунт, кусаючись і люто трясучись.

Cada vez que el hacha golpeaba la jaula, Buck estaba allí para atacarla.
Щоразу, як сокира влучала в клітку, Бак був там, щоб напасти на неї.

Gruñó y chasqueó los dientes con furia salvaje, ansioso por ser liberado.
Він гарчав і огризався з дикою люттю, прагнучи звільнитися.

El hombre que estaba afuera estaba tranquilo y firme, concentrado en su tarea.
Чоловік надворі був спокійний і врівноважений, зосереджений на своєму завданні.

"Muy bien, demonio de ojos rojos", dijo cuando el agujero fue grande.
«Гаразд, червоноокий дияволе», — сказав він, коли діра стала великою.

Dejó caer el hacha y tomó el garrote con su mano derecha.
Він кинув сокирку і взяв палицю в праву руку.

Buck realmente parecía un demonio; con los ojos inyectados en sangre y llameantes.
Бак справді був схожий на диявола; очі налиті кров'ю та палахкотливі.

Su pelaje se erizó, le salía espuma por la boca y sus ojos brillaban.
Його пальто стало дибки, піна виступала з рота, очі блищали.

Tensó los músculos y se lanzó directamente hacia el suéter rojo.
Він напружив м'язи та кинувся прямо на червоний светр.

Ciento cuarenta libras de furia volaron hacia el hombre tranquilo.
Сто сорок фунтів люті полетіли на спокійного чоловіка.

Justo antes de que sus mandíbulas se cerraran, un golpe terrible lo golpeó.
Якраз перед тим, як його щелепи стиснулися, його вдарив жахливий удар.
Sus dientes chasquearon al chocar contra nada más que el aire.
Його зуби клацнули, не обхопивши нічого, крім повітря.
Una sacudida de dolor resonó a través de su cuerpo
по його тілу пронизав приплив болю
Dio una vuelta en el aire y se estrelló sobre su espalda y su costado.
Він перевернувся в повітрі та впав на спину та бік.
Nunca antes había sentido el golpe de un garrote y no podía agarrarlo.
Він ніколи раніше не відчував удару палицею і не міг його збагнути.
Con un gruñido estridente, mitad ladrido, mitad grito, saltó de nuevo.
З пронизливим гарчанням, частково гавкотом, частково криком, він знову стрибнув.
Otro golpe brutal lo alcanzó y lo arrojó al suelo.
Ще один жорстокий удар вдарив його та кинув на землю.
Esta vez Buck lo entendió: era el pesado garrote del hombre.
Цього разу Бак зрозумів — це була важка палиця цього чоловіка.
Pero la rabia lo cegó y no pensó en retirarse.
Але лють засліпила його, і він не думав про відступ.
Doce veces se lanzó y doce veces cayó.
Дванадцять разів він кидався вперед і дванадцять разів падав.
El palo de madera lo golpeaba cada vez con una fuerza despiadada y aplastante.
Дерев'яна палиця щоразу розбивала його з безжальною, нищівною силою.
Después de un golpe feroz, se tambaleó hasta ponerse de pie, aturdido y lento.

Після одного сильного удару він, приголомшений і повільний, похитуючись підвівся на ноги.
Le salía sangre de la boca, de la nariz y hasta de las orejas.
Кров текла з його рота, носа і навіть вух.
Su pelaje, otrora hermoso, estaba manchado de espuma sanguinolenta.
Його колись гарне пальто було заляпане кривавою піною.
Entonces el hombre se adelantó y le dio un golpe tremendo en la nariz.
Тоді чоловік підійшов і завдав жорстокого удару в ніс.
La agonía fue más aguda que cualquier cosa que Buck hubiera sentido jamás.
Біль був сильнішим за будь-що, що Бак коли-небудь відчував.
Con un rugido más de bestia que de perro, saltó nuevamente para atacar.
З ревом, скоріше звіриним, ніж собачим, він знову стрибнув в атаку.
Pero el hombre se agarró la mandíbula inferior y la torció hacia atrás.
Але чоловік схопив його за нижню щелепу та вивернув її назад.
Buck se dio una vuelta de cabeza y volvió a caer con fuerza.
Бак перевернувся головою догори ногами та знову сильно впав.
Una última vez, Buck cargó contra él, ahora apenas capaz de mantenerse en pie.
Востаннє Бак кинувся на нього, ледве тримаючись на ногах.
El hombre atacó con una sincronización experta, dando el golpe final.
Чоловік завдав вирішального удару з влучним моментом.
Buck se desplomó en un montón, inconsciente e inmóvil.
Бак звалився купою, непритомний і нерухомий.
"No es ningún inútil a la hora de domar perros, eso es lo que digo", gritó un hombre.

«Він не лайно чіпляється до собак, ось що я кажу», — крикнув чоловік.
"Druther puede quebrar la voluntad de un perro cualquier día de la semana".
«Друтер може зламати волю пса будь-якого дня тижня».
"¡Y dos veces el domingo!" añadió el conductor.
«І двічі в неділю!» — додав водій.
Se subió al carro y tiró de las riendas para partir.
Він заліз у віз і смикнув поводи, щоб вирушити.
Buck recuperó lentamente el control de su conciencia.
Бак повільно відновлював контроль над своєю свідомістю
Pero su cuerpo todavía estaba demasiado débil y roto para moverse.
але його тіло було все ще надто слабке та зламане, щоб рухатися.
Se quedó donde había caído, observando al hombre del suéter rojo.
Він лежав там, де впав, спостерігаючи за чоловіком у червоному светрі.
"Responde al nombre de Buck", dijo el hombre, leyendo en voz alta.
«Він відгукується на ім'я Бак», — сказав чоловік, читаючи вголос.
Citó la nota enviada con la caja de Buck y los detalles.
Він процитував записку, надіслану разом із ящиком Бака, та подробиці.
—Bueno, Buck, muchacho —continuó el hombre con tono amistoso—.
«Ну, Баку, хлопчику мій», — продовжив чоловік дружнім тоном,
"Hemos tenido nuestra pequeña pelea y ahora todo ha terminado entre nosotros".
«Ми вже трохи посварилися, і тепер між нами все скінчено».
"Tú has aprendido cuál es tu lugar y yo he aprendido cuál es el mío", añadió.
«Ти зрозумів своє місце, а я своє», – додав він.

"Sé bueno y todo irá bien y la vida será placentera".
«Будьте добрими, і все буде добре, а життя буде приємним».
"Pero si te portas mal, te daré una paliza, ¿entiendes?"
«Але будь поганим, і я тебе відлупцюю, зрозумів?»
Mientras hablaba, extendió la mano y acarició la cabeza dolorida de Buck.
Говорячи, він простягнув руку і поплескав Бака по хворій голові.
El cabello de Buck se erizó ante el toque del hombre, pero no se resistió.
Волосся Бака стало дибки від дотику чоловіка, але він не чинив опору.
El hombre le trajo agua, que Buck bebió a grandes tragos.
Чоловік приніс йому води, яку Бак випив великими ковтками.
Luego vino la carne cruda, que Buck devoró trozo a trozo.
Потім було сире м'ясо, яке Бак пожирав шматок за шматком.
Sabía que estaba derrotado, pero también sabía que no estaba roto.
Він знав, що його перемогли, але він також знав, що не зламаний.
No tenía ninguna posibilidad contra un hombre armado con un garrote.
У нього не було жодних шансів проти чоловіка, озброєного кийком.
Había aprendido la verdad y nunca olvidó esa lección.
Він пізнав правду і ніколи не забував цього уроку.
Esa arma fue el comienzo de la ley en el nuevo mundo de Buck.
Ця зброя стала початком права в новому світі Бака.
Fue el comienzo de un orden duro y primitivo que no podía negar.
Це був початок суворого, примітивного порядку, який він не міг заперечити.

Aceptó la verdad; sus instintos salvajes ahora estaban despiertos.

Він прийняв правду; його дикі інстинкти тепер прокинулися.

El mundo se había vuelto más duro, pero Buck lo afrontó con valentía.

Світ став суворішим, але Бак мужньо з цим зіткнувся.

Afrontó la vida con nueva cautela, astucia y fuerza silenciosa.

Він зустрів життя з новою обережністю, хитрістю та тихою силою.

Llegaron más perros, atados con cuerdas o cajas como había estado Buck.

Прибуло ще собак, прив'язаних мотузками або клітками, як і Бака.

Algunos perros llegaron con calma, otros se enfurecieron y pelearon como bestias salvajes.

Деякі собаки приходили спокійно, інші лютували та билися, як дикі звірі.

Todos ellos quedaron bajo el dominio del hombre del suéter rojo.

Усіх їх підкорили чоловікові в червоному светрі.

Cada vez, Buck observaba y veía cómo se desarrollaba la misma lección.

Щоразу Бак спостерігав і бачив, як розгортається той самий урок.

El hombre con el garrote era la ley, un amo al que había que obedecer.

Чоловік з палицею був законом; господарем, якому треба було слухатися.

No necesitaba ser querido, pero sí obedecido.

Йому не потрібно було подобатися, але йому потрібно було слухатися.

Buck nunca adulaba ni meneaba la cola como lo hacían los perros más débiles.

Бак ніколи не підлабузнювався і не виляв лапами, як це робили слабші собаки.

Vio perros que estaban golpeados y todavía lamían la mano del hombre.
Він побачив побитих собак і все одно лизав руку чоловіка.
Vio un perro que no obedecía ni se sometía en absoluto.
Він побачив одного собаку, який зовсім не слухався і не підкорявся.
Ese perro luchó hasta que murió en la batalla por el control.
Той собака бився, доки його не вбили в битві за контроль.
A veces, desconocidos venían a ver al hombre del suéter rojo.
Іноді до чоловіка в червоному светрі приходили незнайомці.
Hablaban en tonos extraños, suplicando, negociando y riendo.
Вони розмовляли дивними тонами, благали, торгувалися та сміялися.
Cuando se intercambiaba dinero, se iban con uno o más perros.
Коли обмінювали гроші, вони йшли з одним або кількома собаками.
Buck se preguntó a dónde habían ido esos perros, pues ninguno regresaba jamás.
Бак задумався, куди поділися ці собаки, бо жоден з них так і не повернувся.
El miedo a lo desconocido llenaba a Buck cada vez que un hombre extraño se acercaba.
Страх невідомого сповнював Бака щоразу, коли приходив незнайомий чоловік
Se alegraba cada vez que se llevaban a otro perro en lugar de a él mismo.
Він радів щоразу, коли забирали іншого собаку, а не себе.
Pero finalmente, llegó el turno de Buck con la llegada de un hombre extraño.
Але нарешті настала черга Бака з приходом дивного чоловіка.
Era pequeño, fibroso y hablaba un inglés deficiente y decía palabrotas.

Він був маленький, жилистий, розмовляв ламаною англійською та лаявся.

—¡Sacredam! —gritó cuando vio el cuerpo de Buck.

«Святий!» — крикнув він, побачивши Бака.

—¡Qué perro tan bravucón! ¿Eh? ¿Cuánto? —preguntó en voz alta.

«Ось який клятий пес-хуліган! Га? Скільки?» — спитав він уголос.

"Trescientos, y es un regalo a ese precio".

«Триста, і за таку ціну він — справжній подарунок»,

—Como es dinero del gobierno, no deberías quejarte, Perrault.

«Оскільки це державні гроші, тобі не варто скаржитися, Перро».

Perrault sonrió ante el trato que acababa de hacer con aquel hombre.

Перро посміхнувся угоді, яку щойно уклав з цим чоловіком.

El precio de los perros se disparó debido a la repentina demanda.

Ціна на собак різко зросла через раптовий попит.

Trescientos dólares no era injusto para una bestia tan bella.

Триста доларів - це не шкода для такого чудового звіра.

El gobierno canadiense no perdería nada con el acuerdo

Уряд Канади нічого не втратить від угоди

Además sus despachos oficiales tampoco sufrirían demoras en el tránsito.

Також їхні офіційні відправлення не затримуватимуться під час транспортування.

Perrault conocía bien a los perros y podía ver que Buck era algo raro.

Перро добре знав собак і бачив, що Бак — це щось рідкісне.

"Uno entre diez diez mil", pensó mientras estudiaba la complexión de Buck.

«Один з десяти десяти тисяч», – подумав він, вивчаючи статуру Бака.

Buck vio que el dinero cambiaba de manos, pero no mostró sorpresa.
Бак бачив, як гроші переходили з рук в руки, але не виявляв здивування.
Pronto él y Curly, un gentil Terranova, fueron llevados lejos.
Невдовзі його та Кучерява, лагідного ньюфаундленда, повели геть.
Siguieron al hombrecito desde el patio del suéter rojo.
Вони пішли за маленьким чоловічком з подвір'я червоного светра.
Esa fue la última vez que Buck vio al hombre con el garrote de madera.
Це був останній раз, коли Бак бачив чоловіка з дерев'яною палицею.
Desde la cubierta del Narwhal vio cómo Seattle se desvanecía en la distancia.
З палуби «Нарвала» він спостерігав, як Сіетл зникає вдалині.
También fue la última vez que vio las cálidas tierras del Sur.
Це також був останній раз, коли він бачив теплу Південну землю.
Perrault los llevó bajo cubierta y los dejó con François.
Перро відвів їх під палубу і залишив із Франсуа.
François era un gigante de cara negra y manos ásperas y callosas.
Франсуа був чорнолицим велетнем із шорсткими, мозолистими руками.
Era oscuro y moreno, un mestizo francocanadiense.
Він був темноволосий і смагляий; метис франкоканадця.
Para Buck, estos hombres eran de un tipo que nunca había visto antes.
Бак здавався йому такими, яких він ніколи раніше не бачив.
En los días venideros conocería a muchos hombres así.
У найближчі дні він познайомиться з багатьма такими чоловіками.
No llegó a encariñarse con ellos, pero llegó a respetarlos.

Він не полюбив їх, але почав поважати.
Eran justos y sabios, y no se dejaban engañar fácilmente por ningún perro.
Вони були справедливими та мудрими, і жодному собаці їх нелегко було обдурити.
Juzgaban a los perros con calma y castigaban sólo cuando lo merecían.
Вони спокійно судили собак і карали лише тоді, коли вони були на це заслуговували.
En la cubierta inferior del Narwhal, Buck y Curly se encontraron con dos perros.
На нижній палубі «Нарвала» Бак і Кучерява зустріли двох собак.
Uno de ellos era un gran perro blanco procedente de la lejana y gélida región de Spitzbergen.
Один з них був великий білий собака з далекого, крижаного Шпіцбергена.
Una vez navegó con un ballenero y se unió a un grupo de investigación.
Колись він плавав з китобійним судном і приєднався до дослідницької групи.
Era amigable de una manera astuta, deshonesta y tramposa.
Він був дружелюбним, але хитрим, підступним та хитрим.
En su primera comida, robó un trozo de carne de la sartén de Buck.
Під час їхнього першого прийому їжі він украв шматок м'яса з Бакової сковороди.
Buck saltó para castigarlo, pero el látigo de François golpeó primero.
Бак стрибнув, щоб покарати його, але батіг Франсуа вдарив першим.
El ladrón blanco gritó y Buck recuperó el hueso robado.
Білий злодій скрикнув, і Бак забрав собі вкрадену кістку.
Esa imparcialidad impresionó a Buck y François se ganó su respeto.
Така справедливість вразила Бака, і Франсуа заслужив його повагу.

El otro perro no saludó y no quiso recibir saludos a cambio.
Інший собака не привітався і не потребував жодної відповіді у відповідь.
No robaba comida ni olfateaba con interés a los recién llegados.
Він не крав їжі і не обнюхував новоприбулих з цікавістю.
Este perro era sombrío y silencioso, melancólico y de movimientos lentos.
Цей собака був похмурим і тихим, похмурим і повільним.
Le advirtió a Curly que se mantuviera alejada simplemente mirándola fijamente.
Він попередив Кучерява триматися подалі, просто глянувши на неї.
Su mensaje fue claro: déjenme en paz o habrá problemas.
Його послання було чітким: залиште мене в спокої, або будуть проблеми.
Se llamaba Dave y apenas se fijaba en su entorno.
Його звали Дейв, і він ледве помічав, що відбувається навколо.
Dormía a menudo, comía tranquilamente y bostezaba de vez en cuando.
Він часто спав, тихо їв і час від часу позіхав.

El barco zumbaba constantemente con la hélice golpeando debajo.
Корабель безперервно гудів, а внизу бив гвинт.
Los días pasaron con pocos cambios, pero el clima se volvió más frío.
Дні минали майже без змін, але погода ставала холоднішою.
Buck podía sentirlo en sus huesos y notó que los demás también lo sentían.
Бак відчував це аж до кісток і помітив, що інші теж.
Entonces, una mañana, la hélice se detuvo y todo quedó en silencio.
Потім одного ранку пропелер зупинився, і все стихло.
Una energía recorrió la nave; algo había cambiado.

Корабель пронизала енергія; щось змінилося.
François bajó, les puso las correas y los trajo arriba.
Франсуа спустився вниз, прив'язав їх на повідки та вивів нагору.
Buck salió y encontró el suelo suave, blanco y frío.
Бак вийшов і побачив, що земля м'яка, біла та холодна.
Saltó hacia atrás alarmado y resopló totalmente confundido.
Він стривожено відскочив назад і пирхнув у повній розгубленості.
Una extraña sustancia blanca caía del cielo gris.
З сірого неба падала дивна біла речовина.
Se sacudió, pero los copos blancos seguían cayendo sobre él.
Він струсив себе, але білі смужки продовжували падати на нього.
Olió con cuidado la sustancia blanca y lamió algunos trocitos helados.
Він обережно понюхав білу речовину та злизав кілька крижаних шматочків.
El polvo ardió como fuego y luego desapareció de su lengua.
Порошок пек, як вогонь, а потім просто зник з його язика.
Buck lo intentó de nuevo, desconcertado por la extraña frialdad que desaparecía.
Бак спробував ще раз, здивований дивним зникаючим холодом.
Los hombres que lo rodeaban se rieron y Buck se sintió avergonzado.
Чоловіки навколо нього засміялися, і Баку стало ніяково.
No sabía por qué, pero le avergonzaba su reacción.
Він не знав чому, але йому було соромно за свою реакцію.
Fue su primera experiencia con la nieve y le confundió.
Це був його перший досвід зі снігом, і це його збентежило.

La ley del garrote y el colmillo
Закон палиці та ікла

El primer día de Buck en la playa de Dyea se sintió como una terrible pesadilla.
Перший день Бака на пляжі Дайя був схожий на жахливий кошмар.
Cada hora traía nuevas sorpresas y cambios inesperados para Buck.
Кожна година приносила Баку нові сюрпризи та несподівані зміни.
Lo habían sacado de la civilización y lo habían arrojado a un caos salvaje.
Його вирвали з цивілізації та кинули в дикий хаос.
Aquella no era una vida soleada y tranquila, llena de aburrimiento y descanso.
Це не було сонячне, ліниве життя з нудьгою та відпочинком.
No había paz, ni descanso, ni momento sin peligro.
Не було ні спокою, ні відпочинку, ні хвилини без небезпеки.
La confusión lo dominaba todo y el peligro siempre estaba cerca.
Усім панувала плутанина, а небезпека завжди була поруч.
Buck tuvo que mantenerse alerta porque estos hombres y perros eran diferentes.
Баку доводилося бути напоготові, бо ці чоловіки та собаки були іншими.
No eran de pueblos; eran salvajes y sin piedad.
Вони не були з міст; вони були дикі та безжальні.
Estos hombres y perros sólo conocían la ley del garrote y el colmillo.
Ці чоловіки та собаки знали лише закон палиці та ікла.
Buck nunca había visto perros pelear como estos salvajes huskies.
Бак ніколи не бачив, щоб собаки билися так, як ці дикі хаскі.

Su primera experiencia le enseñó una lección que nunca olvidaría.
Його перший досвід навчив його уроку, який він ніколи не забуде.
Tuvo suerte de que no fuera él, o habría muerto también.
Йому пощастило, що це був не він, інакше він би теж загинув.
Curly fue el que sufrió mientras Buck observaba y aprendía.
Кучерява був тим, хто страждав, поки Бак спостерігав і навчався.
Habían acampado cerca de una tienda construida con troncos.
Вони розбили табір біля магазину, збудованого з колод.
Curly intentó ser amigable con un husky grande, parecido a un lobo.
Кучерява намагався бути привітним до великої, схожої на вовка хаскі.
El husky era más pequeño que Curly, pero parecía salvaje y malvado.
Хаскі був менший за Кучерява, але виглядав диким і злим.
Sin previo aviso, saltó y le abrió el rostro.
Без попередження він стрибнув і розрізав їй обличчя.
Sus dientes la atravesaron desde el ojo hasta la mandíbula en un solo movimiento.
Його зуби одним рухом прорізали їй все від ока до щелепи.
Así era como peleaban los lobos: golpeaban rápido y saltaban.
Ось так билися вовки — швидко вдаряли та відстрибували.
Pero había mucho más que aprender de ese único ataque.
Але з цієї однієї атаки можна було навчитися не лише цього разу.
Decenas de huskies entraron corriendo y formaron un círculo silencioso.
Десятки хаскі кинулися всередину та утворили мовчазне коло.

Observaron atentamente y se lamieron los labios con hambre.
Вони уважно спостерігали та облизували губи від голоду.
Buck no entendió su silencio ni sus miradas ansiosas.
Бак не розумів ні їхнього мовчання, ні їхніх нетерплячих очей.
Curly se apresuró a atacar al husky por segunda vez.
Кучерява кинувся атакувати хаскі вдруге.
Él usó su pecho para derribarla con un movimiento fuerte.
Він сильним рухом грудьми збив її з ніг.
Ella cayó de lado y no pudo levantarse más.
Вона впала на бік і не змогла підвестися.
Eso era lo que los demás habían estado esperando todo el tiempo.
Саме цього всі інші чекали весь цей час.
Los perros esquimales saltaron sobre ella, aullando y gruñendo frenéticamente.
Хаскі стрибнули на неї, шалено верещачи та гарчачи.
Ella gritó cuando la enterraron bajo una pila de perros.
Вона кричала, коли її ховали під купою собак.
El ataque fue tan rápido que Buck se quedó paralizado por la sorpresa.
Атака була такою швидкою, що Бак завмер на місці від шоку.
Vio a Spitz sacar la lengua de una manera que parecía una risa.
Він побачив, як Шпіц показав язика, схоже на сміх.
François cogió un hacha y corrió directamente hacia el grupo de perros.
Франсуа схопив сокиру та побіг прямо на групу собак.
Otros tres hombres usaron palos para ayudar a ahuyentar a los perros esquimales.
Троє інших чоловіків використовували кийки, щоб допомогти відігнати хаскі.
En sólo dos minutos, la pelea terminó y los perros desaparecieron.
Всього за дві хвилини бійка закінчилася, і собаки зникли.

Curly yacía muerta en la nieve roja y pisoteada, con su cuerpo destrozado.
Кучерява лежала мертва на червоному, втоптаному снігу, її тіло було розірване на шматки.
Un hombre de piel oscura estaba de pie sobre ella, maldiciendo la brutal escena.
Темношкірий чоловік стояв над нею, проклинаючи цю жорстоку сцену.
El recuerdo permaneció con Buck y atormentó sus sueños por la noche.
Спогад залишився з Баком і переслідував його сни вночі.
Así era aquí: sin justicia, sin segundas oportunidades.
Так було тут: без справедливості немає другого шансу.
Una vez que un perro caía, los demás lo mataban sin piedad.
Як тільки собака падає, інші вбивають його без милосердя.
Buck decidió entonces que nunca se permitiría caer.
Тоді Бак вирішив, що ніколи не дозволить собі впасти.
Spitz volvió a sacar la lengua y se rió de la sangre.
Шпіц знову показав язика і засміявся з крові.
Desde ese momento, Buck odió a Spitz con todo su corazón.
З тієї миті Бак зненавидів Шпіца всім серцем.

Antes de que Buck pudiera recuperarse de la muerte de Curly, sucedió algo nuevo.
Перш ніж Бак встиг оговтатися від смерті Кучерява, сталося щось нове.
François se acercó y ató algo alrededor del cuerpo de Buck.
Франсуа підійшов і чимось обв'язав Бака.
Era un arnés como los que usaban los caballos en el rancho.
Це була упряж, схожа на ту, що використовується для коней на ранчо.
Así como Buck había visto trabajar a los caballos, ahora él también estaba obligado a trabajar.
Як Бак бачив, як працюють коні, тепер його теж змусили працювати.
Tuvo que arrastrar a François en un trineo hasta el bosque cercano.

Йому довелося тягнути Франсуа на санчатах до сусіднього лісу.
Después tuvo que arrastrar una carga de leña pesada.
Тоді йому довелося тягнути назад купу важких дров.
Buck era orgulloso, por eso le dolía que lo trataran como a un animal de trabajo.
Бак був гордий, тому йому було боляче, що до нього ставилися як до робочої тварини.
Pero él era sabio y no intentó luchar contra la nueva situación.
Але він був мудрим і не намагався боротися з новою ситуацією.
Aceptó su nueva vida y dio lo mejor de sí en cada tarea.
Він прийняв своє нове життя і віддавався всім своїм силам у кожній справі.
Todo en la obra le resultaba extraño y desconocido.
Все в цій роботі було для нього дивним і незнайомим.
Francisco era estricto y exigía obediencia sin demora.
Франсуа був суворим і вимагав послуху без зволікання.
Su látigo garantizaba que cada orden fuera seguida al instante.
Його батіг стежив за тим, щоб кожна команда виконувалася одразу.
Dave era el que conducía el trineo, el perro que estaba más cerca de él, detrás de Buck.
Дейв був візником, собакою, що йшов найближче до саней позаду Бака.
Dave mordió a Buck en las patas traseras si cometía un error.
Дейв кусав Бака за задні лапи, якщо той помилявся.
Spitz era el perro líder, hábil y experimentado en su función.
Шпіц був провідним собакою, вправним та досвідченим у цій ролі.
Spitz no pudo alcanzar a Buck fácilmente, pero aún así lo corrigió.
Шпіц не міг легко достукатися до Бака, але все ж виправив його.

Gruñó con dureza o tiró del trineo de maneras que le enseñaron a Buck.
Він різко гарчав або тягнув сани так, що Бак цього навчив.
Con este entrenamiento, Buck aprendió más rápido de lo que cualquiera de ellos esperaba.
Завдяки цьому навчанню Бак навчався швидше, ніж будь-хто з них очікував.
Trabajó duro y aprendió tanto de François como de los otros perros.
Він наполегливо працював і навчався як у Франсуа, так і у інших собак.
Cuando regresaron, Buck ya conocía los comandos clave.
На час їхнього повернення Бак вже знав ключові команди.
Aprendió a detenerse al oír la palabra "ho" gracias a François.
Він навчився зупинятися на звуку «хо» від Франсуа.
Aprendió cuando tenía que tirar del trineo y correr.
Він навчився, коли доводилося тягнути сани та бігти.
Aprendió a girar abiertamente en las curvas del camino sin problemas.
Він навчився без проблем широко повертати на поворотах стежки.
También aprendió a evitar a Dave cuando el trineo descendía rápidamente.
Він також навчився уникати Дейва, коли сани швидко котилися вниз.
"Son perros muy buenos", le dijo orgulloso François a Perrault.
«Це дуже хороші собаки», — гордо сказав Франсуа Перро.
"Ese Buck tira como un demonio. Le enseño rapidísimo".
«Цей Бак тягне, як чорт, — я вчу його дуже швидко».

Más tarde ese día, Perrault regresó con dos perros husky más.
Пізніше того ж дня Перро повернувся ще з двома хаскі.
Se llamaban Billee y Joe y eran hermanos.
Їх звали Біллі та Джо, і вони були братами.

Venían de la misma madre, pero no se parecían en nada.
Вони походили від однієї матері, але були зовсім не схожі.
Billee era de carácter dulce y muy amigable con todos.
Біллі була добродушною та надто дружньою з усіма.
Joe era todo lo contrario: tranquilo, enojado y siempre gruñendo.
Джо був протилежністю — тихий, злий і завжди гарчав.
Buck los saludó de manera amigable y se mostró tranquilo con ambos.
Бак привітав їх дружелюбно і був спокійний з обома.
Dave no les prestó atención y permaneció en silencio como siempre.
Дейв не звернув на них уваги і, як завжди, мовчав.
Spitz atacó primero a Billee, luego a Joe, para demostrar su dominio.
Шпіц атакував спочатку Біллі, потім Джо, щоб показати своє панування.
Billee movió la cola y trató de ser amigable con Spitz.
Біллі виляв хвостом і намагався бути привітним до Шпіца.
Cuando eso no funcionó, intentó huir.
Коли це не спрацювало, він натомість спробував втекти.
Lloró tristemente cuando Spitz lo mordió fuerte en el costado.
Він сумно заплакав, коли Шпіц сильно вкусив його в бік.
Pero Joe era muy diferente y se negaba a dejarse intimidar.
Але Джо був зовсім іншим і відмовився піддаватися знущанням.
Cada vez que Spitz se acercaba, Joe giraba rápidamente para enfrentarlo.
Щоразу, як Шпіц наближався, Джо швидко обертався до нього обличчям.
Su pelaje se erizó, sus labios se curvaron y sus dientes chasquearon salvajemente.
Його хутро стало дибки, губи скривилися, а зуби шалено клацнули.
Los ojos de Joe brillaron de miedo y rabia, desafiando a Spitz a atacar.

Очі Джо блищали від страху та люті, він провокував Шпіца на удар.

Spitz abandonó la lucha y se alejó, humillado y enojado.
Шпіц припинив бій і відвернувся, принижений і розгніваний.

Descargó su frustración en el pobre Billee y lo ahuyentó.
Він вилив своє роздратування на бідолашному Біллі та прогнав його.

Esa noche, Perrault añadió un perro más al equipo.
Того вечора Перро додав до команди ще одного собаку.

Este perro era viejo, delgado y cubierto de cicatrices de batalla.
Цей собака був старий, худий і вкритий бойовими шрамами.

Le faltaba un ojo, pero el otro brillaba con poder.
Одне його око було відсутнє, але інше блищало силою.

El nombre del nuevo perro era Solleks, que significaba "el enojado".
Нового собаку звали Соллекс, що означало Розлючений.

Al igual que Dave, Solleks no pidió nada a los demás y no dio nada a cambio.
Як і Дейв, Соллекс нічого не просив від інших і нічого не давав натомість.

Cuando Solleks entró lentamente al campamento, incluso Spitz se mantuvo alejado.
Коли Соллекс повільно зайшов до табору, навіть Шпіц залишився осторонь.

Tenía un hábito extraño que Buck tuvo la mala suerte de descubrir.
У нього була дивна звичка, яку Баку, на жаль, не вдалося виявити.

A Solleks le disgustaba que se acercaran a él por el lado donde estaba ciego.
Соллекс ненавидів, коли до нього підходили з того боку, де він був сліпий.

Buck no sabía esto y cometió ese error por accidente.
Бак цього не знав і випадково зробив цю помилку.

Solleks se dio la vuelta y cortó el hombro de Buck profunda y rápidamente.
Соллекс обернувся і швидко й глибоко вдарив Бака по плечу.
A partir de ese momento, Buck nunca se acercó al lado ciego de Solleks.
З того моменту Бак ніколи не наближався до сліпого боку Соллекса.
Nunca volvieron a tener problemas durante el resto del tiempo que estuvieron juntos.
У них більше ніколи не було проблем до кінця їхнього спільного життя.
Solleks sólo quería que lo dejaran solo, como el tranquilo Dave.
Соллекс хотів лише, щоб його залишили в спокої, як тихий Дейв.
Pero Buck se enteraría más tarde de que cada uno tenía otro objetivo secreto.
Але пізніше Бак дізнався, що у кожного з них була ще одна таємна мета.
Esa noche, Buck se enfrentó a un nuevo y preocupante desafío: cómo dormir.
Тієї ночі Бак зіткнувся з новим і тривожним випробуванням — як спати.
La tienda brillaba cálidamente con la luz de las velas en el campo nevado.
Намет тепло світився світлом свічок на засніженому полі.
Buck entró, pensando que podría descansar allí como antes.
Бак зайшов всередину, думаючи, що зможе відпочити там, як і раніше.
Pero Perrault y François le gritaron y le lanzaron sartenes.
Але Перро та Франсуа кричали на нього та кидали сковорідки.
Sorprendido y confundido, Buck corrió hacia el frío helado.
Шокований і збентежений, Бак вибіг на крижаний мороз.
Un viento amargo le azotó el hombro herido y le congeló las patas.

Пронизливий вітер щипав його поранене плече та відморозив лапи.
Se tumbó en la nieve y trató de dormir al aire libre.
Він ліг на сніг і спробував спати просто неба.
Pero el frío pronto le obligó a levantarse de nuevo, temblando mucho.
Але холод невдовзі змусив його знову встати, сильно тремтячи.
Deambuló por el campamento intentando encontrar un lugar más cálido.
Він блукав табором, намагаючись знайти тепліше місце.
Pero cada rincón estaba tan frío como el anterior.
Але кожен куточок був таким же холодним, як і попередній.
A veces, perros salvajes saltaban sobre él desde la oscuridad.
Іноді на нього з темряви стрибали дикі собаки.
Buck erizó su pelaje, mostró los dientes y gruñó en señal de advertencia.
Бак наїжачився, вишкірився та застережливо загарчав.
Estaba aprendiendo rápido y los otros perros se alejaban rápidamente.
Він швидко навчався, а інші собаки швидко відступали.
Aún así, no tenía dónde dormir ni idea de qué hacer.
Однак у нього не було де спати, і він не знав, що робити.
Por fin se le ocurrió una idea: ver cómo estaban sus compañeros de equipo.
Нарешті йому спала на думку думка — перевірити своїх товаришів по команді.
Regresó a su zona y se sorprendió al descubrir que habían desaparecido.
Він повернувся до їхньої місцевості і здивувався, виявив, що їх немає.
Nuevamente buscó por todo el campamento, pero todavía no pudo encontrarlos.
Він знову обшукав табір, але так і не зміг їх знайти.
Sabía que ellos no podían estar en la tienda, o él también lo estaría.

Він знав, що вони не можуть бути в наметі, бо інакше він теж би там був.

Entonces ¿a dónde se habían ido todos los perros en este campamento helado?

То куди ж поділися всі собаки в цьому замерзлому таборі?

Buck, frío y miserable, caminó lentamente alrededor de la tienda.

Бак, змерзлий і нещасний, повільно кружляв навколо намету.

De repente, sus patas delanteras se hundieron en la nieve blanda y lo sobresaltó.

Раптом його передні лапи загрузли в м'який сніг і злякали його.

Algo se movió bajo sus pies y saltó hacia atrás asustado.

Щось заворушилося під його ногами, і він відскочив назад від страху.

Gruñó y rugió sin saber qué había debajo de la nieve.

Він гарчав і гарчав, не знаючи, що ховається під снігом.

Entonces oyó un ladrido amistoso que alivió su miedo.

Потім він почув дружній тихий гавкіт, який розвіяв його страх.

Olfateó el aire y se acercó para ver qué estaba oculto.

Він понюхав повітря і підійшов ближче, щоб побачити, що приховано.

Bajo la nieve, acurrucada en una bola cálida, estaba la pequeña Billee.

Під снігом, згорнувшись у теплу клубочку, лежала маленька Біллі.

Billee movió la cola y lamió la cara de Buck para saludarlo.

Біллі виляв хвостом і лизнув Бака в обличчя, вітаючи його.

Buck vio cómo Billee había hecho un lugar para dormir en la nieve.

Бак побачив, як Біллі влаштував собі місце для сну в снігу.

Había cavado y usado su propio calor para mantenerse caliente.

Він викопав землю і зігрівся власним теплом.

Buck había aprendido otra lección: así era como dormían los perros.
Бак засвоїв ще один урок — собаки спали саме так.
Eligió un lugar y comenzó a cavar su propio hoyo en la nieve.
Він вибрав місце і почав копати собі нору в снігу.
Al principio, se movía demasiado y desperdiciaba energía.
Спочатку він занадто багато рухався і марнував енергію.
Pero pronto su cuerpo calentó el espacio y se sintió seguro.
Але невдовзі його тіло зігріло простір, і він відчув себе в безпеці.
Se acurrucó fuertemente y al poco tiempo estaba profundamente dormido.
Він міцно згорнувся калачиком і невдовзі міцно заснув.
El día había sido largo y duro, y Buck estaba exhausto.
День був довгий і важкий, і Бак був виснажений.
Durmió profundamente y cómodamente, aunque sus sueños fueron salvajes.
Він спав міцно та комфортно, хоча снилися йому шалено.
Gruñó y ladró mientras dormía, retorciéndose mientras soñaba.
Він гарчав і гавкав уві сні, крутячись уві сні.

Buck no se despertó hasta que el campamento ya estaba cobrando vida.
Бак не прокинувся, поки табір не почав оживати.
Al principio, no sabía dónde estaba ni qué había sucedido.
Спочатку він не знав, де він і що сталося.
Había nevado durante la noche y había enterrado completamente su cuerpo.
Сніг випав уночі та повністю поховав його тіло.
La nieve lo apretaba por todos lados.
Сніг тиснув навколо нього, щільно обвіваючи його з усіх боків.
De repente, una ola de miedo recorrió todo el cuerpo de Buck.
Раптом хвиля страху прокотилася по всьому тілу Бака.

Era el miedo a quedar atrapado, un miedo que provenía de instintos profundos.
Це був страх опинитися в пастці, страх, що випливав з глибоких інстинктів.

Aunque nunca había visto una trampa, el miedo vivía dentro de él.
Хоча він ніколи не бачив пастки, страх жив у ньому.

Era un perro domesticado, pero ahora sus viejos instintos salvajes estaban despertando.
Він був ручним собакою, але тепер у ньому прокидалися його старі дикі інстинкти.

Los músculos de Buck se tensaron y se le erizó el pelaje por toda la espalda.
М'язи Бака напружилися, а хутро стало дибки по всій спині.

Gruñó ferozmente y saltó hacia arriba a través de la nieve.
Він люто загарчав і стрибнув прямо вгору крізь сніг.

La nieve voló en todas direcciones cuando estalló la luz del día.
Сніг летів у всі боки, коли він вирвався на денне світло.

Incluso antes de aterrizar, Buck vio el campamento extendido ante él.
Ще до приземлення Бак побачив, як перед ним розкинувся табір.

Recordó todo del día anterior, de repente.
Він одразу згадав усе з попереднього дня.

Recordó pasear con Manuel y terminar en ese lugar.
Він пам'ятав, як прогулювався з Мануелем і опинився в цьому місці.

Recordó haber cavado el hoyo y haberse quedado dormido en el frío.
Він пам'ятав, як копав яму і заснув на холоді.

Ahora estaba despierto y el mundo salvaje que lo rodeaba estaba claro.
Тепер він прокинувся, і дикий світ навколо нього був ясним.

Un grito de François saludó la repentina aparición de Buck.

Крик Франсуа привітав раптову появу Бака.

—¿Qué te dije? —gritó en voz alta el conductor del perro a Perrault.

«Що я сказав?» — голосно крикнув погонич собаки Перро.

"Ese Buck sin duda aprende muy rápido", añadió François.

«Цей Бак справді швидко навчається», – додав Франсуа.

Perrault asintió gravemente, claramente satisfecho con el resultado.

Перро серйозно кивнув, явно задоволений результатом.

Como mensajero del gobierno canadiense, transportaba despachos.

Як кур'єр канадського уряду, він перевозив депеші.

Estaba ansioso por encontrar los mejores perros para su importante misión.

Він прагнув знайти найкращих собак для своєї важливої місії.

Se sintió especialmente complacido ahora que Buck era parte del equipo.

Він був особливо радий тепер, що Бак був частиною команди.

Se agregaron tres huskies más al equipo en una hora.

Протягом години до команди додали ще трьох хаскі.

Eso elevó el número total de perros en el equipo a nueve.

Таким чином, загальна кількість собак у команді зросла до дев'яти.

En quince minutos todos los perros estaban en sus arneses.

За п'ятнадцять хвилин усі собаки були в шлейках.

El equipo de trineos avanzaba por el sendero hacia Dyea Cañón.

Санна упряжка піднімалася стежкою до каньйону Дайя.

Buck se sintió contento de partir, incluso si el trabajo que tenía por delante era duro.

Бак був радий йти, навіть якщо робота попереду була важка.

Descubrió que no despreciaba especialmente el trabajo ni el frío.

Він виявив, що не особливо зневажає працю чи холод.

Le sorprendió el entusiasmo que llenaba a todo el equipo.
Його здивувало завзяття, яке сповнило всю команду.
Aún más sorprendente fue el cambio que se produjo en Dave y Solleks.
Ще більш дивовижною була зміна, яка сталася з Дейвом і Соллексом.
Estos dos perros eran completamente diferentes cuando estaban enjaezados.
Ці дві собаки були зовсім різними, коли їх запрягали.
Su pasividad y falta de preocupación habían desaparecido por completo.
Їхня пасивність та байдужість повністю зникли.
Estaban alertas y activos, y ansiosos por hacer bien su trabajo.
Вони були пильними, активними та прагнули добре виконувати свою роботу.
Se irritaban ferozmente ante cualquier cosa que causara retraso o confusión.
Їх люто дратувало все, що спричиняло затримку чи плутанину.
El duro trabajo en las riendas era el centro de todo su ser.
Важка робота з віжками була центром усього їхнього єства.
Tirar del trineo parecía ser lo único que realmente disfrutaban.
Здавалося, що єдине, що їм справді подобалося, — це тягнути за собою санки.
Dave estaba en la parte de atrás del grupo, más cerca del trineo.
Дейв був у задній частині групи, найближче до самих саней.
Buck fue colocado delante de Dave, y Solleks se adelantó a Buck.
Бака посадили попереду Дейва, а Соллекс вирвався попереду Бака.
El resto de los perros estaban dispersos adelante, en una sola fila.

Решта собак вишикувалися попереду гуськом.
La posición de cabeza en la parte delantera quedó ocupada por Spitz.
Провідну позицію попереду зайняв Шпітц.
Buck había sido colocado entre Dave y Solleks para recibir instrucción.
Бака для інструктажу посадили між Дейвом і Соллексом.
Él aprendía rápido y sus profesores eran firmes y capaces.
Він швидко навчався, а вони були наполегливими та здібними вчителями.
Nunca permitieron que Buck permaneciera en el error por mucho tiempo.
Вони ніколи не дозволяли Баку довго помилятися.
Enseñaron sus lecciones con dientes afilados cuando era necesario.
Вони викладали свої уроки гострими зубами, коли це було потрібно.
Dave era justo y mostraba un tipo de sabiduría tranquila y seria.
Дейв був справедливим і виявляв тиху, серйозну мудрість.
Él nunca mordió a Buck sin una buena razón para hacerlo.
Він ніколи не кусав Бака без вагомої причини.
Pero nunca dejó de morder cuando Buck necesitaba corrección.
Але він завжди кусався, коли Бака потрібно було виправити.
El látigo de Francisco estaba siempre listo y respaldaba su autoridad.
Батіг Франсуа завжди був напоготові та підтримував їхній авторитет.
Buck pronto descubrió que era mejor obedecer que defenderse.
Бак невдовзі зрозумів, що краще слухатися, ніж чинити опір.
Una vez, durante un breve descanso, Buck se enredó en las riendas.

Одного разу, під час короткого відпочинку, Бак заплутався у поводи.
Retrasó el inicio y confundió los movimientos del equipo.
Він затримав старт і заплутав рух команди.
Dave y Solleks se abalanzaron sobre él y le dieron una paliza brutal.
Дейв і Соллекс накинулися на нього та жорстоко побили.
El enredo sólo empeoró, pero Buck aprendió bien la lección.
Сплутування лише погіршувалося, але Бак добре засвоїв урок.
A partir de entonces, mantuvo las riendas tensas y trabajó con cuidado.
Відтоді він тримав віжки натягнутими та працював обережно.
Antes de que terminara el día, Buck había dominado gran parte de su tarea.
Ще до кінця дня Бак встиг опанувати більшу частину свого завдання.
Sus compañeros casi dejaron de corregirlo y morderlo.
Його товариші по команді майже перестали його виправляти чи кусати.
El látigo de François resonaba cada vez con menos frecuencia en el aire.
Батіг Франсуа тріщав у повітрі все рідше й рідше.
Perrault incluso levantó los pies de Buck y examinó cuidadosamente cada pata.
Перро навіть підняв ноги Бака та уважно оглянув кожну лапу.
Había sido un día de carrera duro, largo y agotador para todos ellos.
Це був важкий день бігу, довгий і виснажливий для всіх них.
Viajaron por el Cañón, atravesando Sheep Camp y pasando por Scales.
Вони піднялися каньйоном, пройшли через Овечий табір і повз Терези.

Cruzaron la línea de árboles, luego glaciares y bancos de nieve de muchos metros de profundidad.
Вони перетнули межу лісу, потім льодовики та снігові замети завглибшки в багато футів.
Escalaron la gran, fría y prohibitiva divisoria de Chilkoot.
Вони піднялися на великий холодний і непривітний Чілкутський вододіл.
Esa alta cresta se encontraba entre el agua salada y el interior helado.
Той високий хребет стояв між солоною водою та замерзлими внутрішніми просторами.
Las montañas custodiaban con hielo y empinadas subidas el triste y solitario Norte.
Гори охороняли сумну та самотню Північ льодом та крутими підйомами.
Avanzaron a buen ritmo por una larga cadena de lagos debajo de la divisoria.
Вони швидко спустилися довгим ланцюгом озер нижче вододілу.
Esos lagos llenaban los antiguos cráteres de volcanes extintos.
Ці озера заповнювали стародавні кратери згаслих вулканів.
Tarde esa noche, llegaron a un gran campamento en el lago Bennett.
Пізно тієї ж ночі вони дісталися великого табору на озері Беннетт.
Miles de buscadores de oro estaban allí, construyendo barcos para la primavera.
Тисячі золотошукачів були там, будуючи човни на весну.
El hielo se rompería pronto y tenían que estar preparados.
Лід скоро мав розтанути, і вони мали бути готові.
Buck cavó su hoyo en la nieve y cayó en un sueño profundo.
Бак викопав собі нору в снігу та міцно заснув.
Durmió como un trabajador, exhausto por la dura jornada de trabajo.
Він спав, як робітник, виснажений важким робочим днем.

Pero demasiado pronto, en la oscuridad, fue sacado del sueño.
Але надто рано, у темряві, його витягли зі сну.
Fue enganchado nuevamente con sus compañeros y sujeto al trineo.
Його знову запрягли разом з його товаришами та прив'язали до саней.
Aquel día hicieron cuarenta millas, porque la nieve estaba muy pisoteada.
Того дня вони подолали сорок миль, бо сніг був добре втоптаний.
Al día siguiente, y durante muchos días más, la nieve estaba blanda.
Наступного дня, і ще багато днів після цього, сніг був м'яким.
Tuvieron que hacer el camino ellos mismos, trabajando más duro y moviéndose más lento.
Їм довелося прокладати стежку самостійно, працюючи старанніше та рухаючись повільніше.
Por lo general, Perrault caminaba delante del equipo con raquetas de nieve palmeadas.
Зазвичай Перро йшов попереду команди на снігоступах з перетинками.
Sus pasos compactaron la nieve, facilitando el movimiento del trineo.
Його кроки утрамбовували сніг, полегшуючи рух саней.
François, que dirigía el barco desde la dirección, a veces tomaba el relevo.
Франсуа, який керував з вудки, іноді брав керування на себе.
Pero era raro que François tomara la iniciativa.
Але Франсуа рідко виходив на перший план
porque Perrault tenía prisa por entregar las cartas y los paquetes.
бо Перро поспішав доставити листи та посилки.
Perrault estaba orgulloso de su conocimiento de la nieve, y especialmente del hielo.

Перро пишався своїми знаннями про сніг, а особливо про лід.
Ese conocimiento era esencial porque el hielo en otoño era peligrosamente delgado.
Ці знання були вкрай важливими, бо осінній лід був небезпечно тонким.
Allí donde el agua fluía rápidamente bajo la superficie, no había hielo en absoluto.
Там, де вода швидко текла під поверхнею, льоду взагалі не було.

Día tras día, la misma rutina se repetía sin fin.
День за днем та сама рутина повторювалася без кінця.
Buck trabajó incansablemente en las riendas desde el amanecer hasta la noche.
Бак безкінечно трудився на віжах від світанку до ночі.
Abandonaron el campamento en la oscuridad, mucho antes de que saliera el sol.
Вони покинули табір у темряві, задовго до сходу сонця.
Cuando amaneció, ya habían recorrido muchos kilómetros.
Коли настало світло, багато миль вже було позаду.
Acamparon después del anochecer, comieron pescado y excavaron en la nieve.
Вони розбивали табір після настання темряви, їли рибу та заривалися в сніг.
Buck siempre tenía hambre y nunca estaba realmente satisfecho con su ración.
Бак завжди був голодний і ніколи по-справжньому не задовольнявся своїм пайком.
Recibía una libra y media de salmón seco cada día.
Щодня він отримував півтора фунта сушеного лосося.
Pero la comida parecía desaparecer dentro de él, dejando atrás el hambre.
Але їжа ніби зникла в ньому, залишивши позаду голод.
Sufría constantes dolores de hambre y soñaba con más comida.

Він страждав від постійних мук голоду і мріяв про більше їжі.

Los otros perros sólo ganaron una libra, pero se mantuvieron fuertes.

Інші собаки отримали лише один фунт їжі, але вони залишалися сильними.

Eran más pequeños y habían nacido en la vida del norte.

Вони були менші на зріст і народилися в північному середовищі.

Perdió rápidamente la meticulosidad que había caracterizado su antigua vida.

Він швидко втратив педантичність, яка характеризувала його колишнє життя.

Había sido un comensal delicado, pero ahora eso ya no era posible.

Він був вишуканим їдцем, але тепер це було неможливо.

Sus compañeros terminaron primero y le robaron su ración sobrante.

Його товариші закінчили першими та пограбували його недоїдений пайок.

Una vez que empezaron, no había forma de defender su comida de ellos.

Як тільки вони почали, захистити від них свою їжу було неможливо.

Mientras él luchaba contra dos o tres perros, los otros le robaron el resto.

Поки він відбивався від двох чи трьох собак, інші вкрали решту.

Para solucionar esto, comenzó a comer tan rápido como los demás.

Щоб виправити це, він почав їсти так само швидко, як і інші.

El hambre lo empujó tan fuerte que incluso tomó comida que no era suya.

Голод так його мучив, що він навіть брав чужу їжу.

Observó a los demás y aprendió rápidamente de sus acciones.

Він спостерігав за іншими та швидко вчився з їхніх дій.
Vio a Pike, un perro nuevo, robarle una rebanada de tocino a Perrault.
Він бачив, як Пайк, новий собака, вкрав у Перро шматочок бекону.
Pike había esperado hasta que Perrault se dio la espalda para robarle el tocino.
Пайк чекав, поки Перро повернеться спиною, щоб вкрасти бекон.
Al día siguiente, Buck copió a Pike y robó todo el trozo.
Наступного дня Бак скопіював Пайка та вкрав увесь шматок.
Se produjo un gran alboroto, pero no se sospechó de Buck.
Зчинився великий галас, але Бака ніхто не запідозрив.
Dub, un perro torpe que siempre era atrapado, fue castigado.
Замість цього покарали Даба, незграбного собаку, якого завжди ловили.
Ese primer robo marcó a Buck como un perro apto para sobrevivir en el Norte.
Та перша крадіжка позначала Бака як собаку, здатного вижити на Півночі.
Demostró que podía adaptarse a nuevas condiciones y aprender rápidamente.
Він показав, що може швидко адаптуватися до нових умов та навчатися.
Sin esa adaptabilidad, habría muerto rápida y gravemente.
Без такої адаптивності він би помер швидко та тяжко.
También marcó el colapso de su naturaleza moral y de sus valores pasados.
Це також ознаменувало крах його моральної природи та минулих цінностей.
En el Sur, había vivido bajo la ley del amor y la bondad.
На Півдні він жив за законом любові та доброти.
Allí tenía sentido respetar la propiedad y los sentimientos de los otros perros.
Там мало сенс поважати власність та почуття інших собак.

Pero en el Norte se aplicaba la ley del garrote y la ley del colmillo.
Але Північна земля дотримувалася закону палиці та закону ікла.
Quienquiera que respetara los viejos valores aquí sería un tonto y fracasaría.
Той, хто тут поважав старі цінності, був дурнем і зазнає невдачі.
Buck no razonó todo esto en su mente.
Бак не міг обміркувати все це в голові.
Estaba en forma y se adaptó sin necesidad de pensar.
Він був у формі, тому пристосовувався, не замислюючись.
Durante toda su vida, nunca había huido de una pelea.
За все своє життя він ніколи не тікав від бійки.
Pero el garrote de madera del hombre del suéter rojo cambió esa regla.
Але дерев'яна палиця чоловіка в червоному светрі змінила це правило.
Ahora seguía un código más profundo y antiguo escrito en su ser.
Тепер він дотримувався глибшого, давнішого коду, записаного в його єстві.
No robó por placer sino por el dolor del hambre.
Він крав не із задоволення, а від муки голоду.
Él nunca robaba abiertamente, sino que hurtaba con astucia y cuidado.
Він ніколи не грабував відкрито, а крав хитрістю та обережністю.
Actuó por respeto al garrote de madera y por miedo al colmillo.
Він діяв з поваги до дерев'яної палиці та страху перед іклом.
En resumen, hizo lo que era más fácil y seguro que no hacerlo.
Коротше кажучи, він зробив те, що було легше та безпечніше, ніж не робити цього.

Su desarrollo —o quizás su regreso a los viejos instintos— fue rápido.
Його розвиток — чи, можливо, його повернення до старих інстинктів — був швидким.
Sus músculos se endurecieron hasta sentirse tan fuertes como el hierro.
Його м'язи затверділи, аж поки не стали міцними, як залізо.
Ya no le importaba el dolor, a menos que fuera grave.
Його більше не хвилював біль, хіба що він був серйозним.
Se volvió eficiente por dentro y por fuera, sin desperdiciar nada.
Він став ефективним як зсередини, так і зовні, нічого не витрачаючи даремно.
Podía comer cosas viles, podridas o difíciles de digerir.
Він міг їсти мерзенну, гнилу або важкоперетравлювану їжу.
Todo lo que comía, su estómago aprovechaba hasta el último vestigio de valor.
Що б він не їв, його шлунок використовував усе, що було цінного.
Su sangre transportaba los nutrientes a través de su poderoso cuerpo.
Його кров розносила поживні речовини далеко по його могутньому тілу.
Esto creó tejidos fuertes que le dieron una resistencia increíble.
Це зміцнило тканини, що дало йому неймовірну витривалість.
Su vista y su olfato se volvieron mucho más sensibles que antes.
Його зір і нюх стали набагато чутливішими, ніж раніше.
Su audición se agudizó tanto que podía detectar sonidos débiles durante el sueño.
Його слух став настільки гострим, що він міг розрізняти ледь помітні звуки уві сні.

Sabía en sueños si los sonidos significaban seguridad o peligro.

Він знав у своїх снах, що означають ці звуки: безпеку чи небезпеку.

Aprendió a morder el hielo entre los dedos de los pies con los dientes.

Він навчився гризти зубами лід між пальцями ніг.

Si un charco de agua se congelaba, rompía el hielo con las piernas.

Якщо водопій замерзав, він розбивав лід ногами.

Se encabritó y golpeó con fuerza el hielo con sus rígidas patas delanteras.

Він піднявся дибки і сильно вдарив по льоду затверділими передніми кінцівками.

Su habilidad más sorprendente era predecir los cambios del viento durante la noche.

Його найвражаючою здатністю було передбачення змін вітру протягом ночі.

Incluso cuando el aire estaba quieto, elegía lugares protegidos del viento.

Навіть коли повітря було нерухомим, він вибирав місця, захищені від вітру.

Dondequiera que cavaba su nido, el viento del día siguiente lo pasaba de largo.

Де б він не викопав своє гніздо, наступного дня вітер обійшов його.

Siempre acababa abrigado y protegido, a sotavento de la brisa.

Він завжди опинявся затишно та захищено, підвітряно від вітерцю.

Buck no sólo aprendió con la experiencia: sus instintos también regresaron.

Бак не лише навчався на досвіді — до нього також повернулися інстинкти.

Los hábitos de las generaciones domesticadas comenzaron a desaparecer.

Звички одомашнених поколінь почали зникати.

De manera vaga, recordaba los tiempos antiguos de su raza.
Якось нечітко він згадував давні часи свого племені.
Recordó cuando los perros salvajes corrían en manadas por los bosques.
Він згадав часи, коли дикі собаки бігали зграями лісами.
Habían perseguido y matado a su presa mientras la perseguían.
Вони переслідували та вбивали свою здобич, переслідуючи її.
Para Buck fue fácil aprender a pelear con dientes y velocidad.
Баку було легко навчитися битися зубами та швидко.
Utilizaba cortes, tajos y chasquidos rápidos igual que sus antepasados.
Він використовував порізи, різи та швидкі клацання, як і його предки.
Aquellos antepasados se agitaron dentro de él y despertaron su naturaleza salvaje.
Ті предки ворухнулися в ньому та пробудили його дику природу.
Sus antiguas habilidades habían pasado a él a través de la línea de sangre.
Їхні старі навички перейшли до нього по кровній лінії.
Sus trucos ahora eran suyos, sin necesidad de práctica ni esfuerzo.
Тепер їхні трюки були його, без потреби в практиці чи зусиллях.

En las noches frías y quietas, Buck levantaba la nariz y aullaba.
Тихими, холодними ночами Бак задирав носа та вив.
Aulló largo y profundamente, como lo hacían los lobos antaño.
Він вив довго й гучно, як це робили вовки колись давно.
A través de él, sus antepasados muertos apuntaron sus narices y aullaron.
Крізь нього його померлі предки висовували носи та вили.

Aullaron a través de los siglos con su voz y su forma.
Вони вили крізь століття його голосом і формою.
Sus cadencias eran las de ellos, viejos gritos que hablaban de dolor y frío.
Його ритми були їхніми, давні крики, що свідчили про горе та холод.
Cantaron sobre la oscuridad, el hambre y el significado del invierno.
Вони співали про темряву, голод і значення зими.
Buck demostró cómo la vida está determinada por fuerzas ajenas a uno mismo.
Бак довів, як життя формується силами, що перебувають поза межами особистості.
La antigua canción se elevó a través de Buck y se apoderó de su alma.
Стародавня пісня піднялася крізь Бака і полонила його душу.
Se encontró a sí mismo porque los hombres habían encontrado oro en el Norte.
Він знайшов себе, бо люди знайшли золото на Півночі.
Y se encontró porque Manuel, el ayudante del jardinero, necesitaba dinero.
А він опинився там, бо Мануелю, помічнику садівника, потрібні були гроші.

La Bestia Primordial Dominante
Домінантний Первісний Звір

La bestia primordial dominante era tan fuerte como siempre en Buck.
Домінантний первісний звір був у Баку таким же сильним, як і завжди.

Pero la bestia primordial dominante yacía latente en él.
Але домінантний первісний звір дрімав у ньому.

La vida en el camino era dura, pero fortalecía a la bestia que Buck llevaba dentro.
Життя на стежці було суворим, але воно зміцнило звірину в Баку.

En secreto, la bestia se hacía cada día más fuerte.
Таємно звір з кожним днем ставав все сильнішим і сильнішим.

Pero ese crecimiento interior permaneció oculto para el mundo exterior.
Але цей внутрішній ріст залишався прихованим від зовнішнього світу.

Una fuerza primordial, tranquila y calmada se estaba construyendo dentro de Buck.
Усередині Бака нарощувалася тиха та спокійна первісна сила.

Una nueva astucia le proporcionó a Buck equilibrio, calma, control y aplomo.
Нова хитрість надала Баку рівноваги, спокійного самовладання та витримки.

Buck se concentró mucho en adaptarse, sin sentirse nunca totalmente relajado.
Бак зосередився на адаптації, ніколи не відчуваючи повного розслаблення.

Él evitaba los conflictos, nunca iniciaba peleas ni buscaba problemas.
Він уникав конфліктів, ніколи не розпочинав сварок і не шукав неприємностей.

Una reflexión lenta y constante moldeó cada movimiento de Buck.
Повільна, рівна задумливість формувала кожен рух Бака.
Evitó las elecciones precipitadas y las decisiones repentinas e imprudentes.
Він уникав необдуманих рішень та раптових, необдуманих рішень.
Aunque Buck odiaba profundamente a Spitz, no le mostró ninguna agresión.
Хоча Бак глибоко ненавидів Шпіца, він не виявляв до нього жодної агресії.
Buck nunca provocó a Spitz y mantuvo sus acciones moderadas.
Бак ніколи не провокував Шпіца і дотримувався стриманості у своїх діях.
Spitz, por otro lado, percibió el creciente peligro en Buck.
Шпіц, навпаки, відчував зростаючу небезпеку з боку Бака.
Él veía a Buck como una amenaza y un serio desafío a su poder.
Він бачив у Баку загрозу та серйозний виклик своїй владі.
Aprovechó cada oportunidad para gruñir y mostrar sus afilados dientes.
Він використовував кожну нагоду, щоб загарчати та показати свої гострі зуби.
Estaba tratando de iniciar la pelea mortal que estaba por venir.
Він намагався розпочати смертельну битву, яка мала відбутися.
Al principio del viaje casi se desató una pelea entre ellos.
На початку подорожі між ними ледь не спалахнула бійка.
Pero un accidente inesperado detuvo la pelea.
Але несподіваний випадок завадив бійці.
Esa tarde acamparon en el gélido lago Le Barge.
Того вечора вони розбили табір на пронизливо холодному озері Ле-Барж.
La nieve caía con fuerza y el viento cortaba como un cuchillo.

Сніг падав сильно, а вітер різав, як ніж.
La noche había llegado demasiado rápido y la oscuridad los rodeaba.
Ніч настала надто швидко, і їх огортала темрява.
Difícilmente podrían haber elegido un peor lugar para descansar.
Вони навряд чи могли обрати гірше місце для відпочинку.
Los perros buscaban desesperadamente un lugar donde tumbarse.
Собаки відчайдушно шукали місце, де можна було б лягти.
Detrás del pequeño grupo se alzaba una alta pared de roca.
Висока скеляста стіна круто здіймалася позаду невеликої групи.
La tienda de campaña había sido abandonada en Dyea para aligerar la carga.
Намет залишили в Дайї, щоб полегшити вантаж.
No les quedó más remedio que hacer el fuego sobre el propio hielo.
У них не було іншого вибору, окрім як розпалити багаття на самому льоду.
Extendieron sus batas para dormir directamente sobre el lago helado.
Вони розстелили свої спальні шати прямо на замерзлому озері.
Unos cuantos palitos de madera flotante les dieron un poco de fuego.
Кілька паличок плавника дали їм трохи вогню.
Pero el fuego se construyó sobre el hielo y se descongeló a través de él.
Але вогонь розпалювали на льоду і розтанув крізь нього.
Al final, estaban comiendo su cena en la oscuridad.
Зрештою вони вечеряли в темряві.
Buck se acurrucó junto a la roca, protegido del viento frío.
Бак згорнувся калачиком біля скелі, сховавшись від холодного вітру.
El lugar era tan cálido y seguro que Buck odiaba mudarse.

Місце було таке тепле та безпечне, що Бак ненавидів звідти відходити.
Pero François había calentado el pescado y estaba repartiendo raciones.
Але Франсуа розігрів рибу і роздавав пайки.
Buck terminó de comer rápidamente y regresó a su cama.
Бак швидко закінчив їсти і повернувся до ліжка.
Pero Spitz ahora estaba acostado donde Buck había hecho su cama.
Але Шпіц тепер лежав там, де Бак постелив йому ліжко.
Un gruñido bajo advirtió a Buck que Spitz se negaba a moverse.
Тихе гарчання попередило Бака, що Шпіц відмовився рухатися.
Hasta ahora, Buck había evitado esta pelea con Spitz.
Досі Бак уникав цієї сутички зі Шпіцем.
Pero en lo más profundo de Buck la bestia finalmente se liberó.
Але глибоко всередині Бака звір нарешті вирвався на волю.
El robo de su lugar para dormir era algo demasiado difícil de tolerar.
Крадіжка його спального місця була нестерпною.
Buck se lanzó hacia Spitz, lleno de ira y rabia.
Бак кинувся на Шпіца, сповнений гніву та люті.
Hasta ahora Spitz había pensado que Buck era sólo un perro grande.
Досі Шпіц думав, що Бак — просто великий собака.
No creía que Buck hubiera sobrevivido a través de su espíritu.
Він не думав, що Бак вижив завдяки своєму духу.
Esperaba miedo y cobardía, no furia y venganza.
Він очікував страху та боягузства, а не люті та помсти.
François se quedó mirando mientras los dos perros salían del nido en ruinas.
Франсуа дивився, як обидва собаки вискочили з зруйнованого гнізда.

Comprendió de inmediato lo que había iniciado la salvaje lucha.
Він одразу зрозумів, що почало цю шалену боротьбу.
—¡Ah! —gritó François en apoyo del perro marrón.
«А-а!» — вигукнув Франсуа, підтримуючи бурого собаку.
¡Dale una paliza! ¡Por Dios, castiga a ese ladrón astuto!
«Дай йому відлупцювати! Й Боже, покарай цього підступного злодія!»
Spitz mostró la misma disposición y un entusiasmo salvaje por luchar.
Шпіц демонстрував однакову готовність і шалене бажання битися.
Gritó de rabia mientras giraba rápidamente en busca de una abertura.
Він крикнув від люті, швидко кружляючи, шукаючи прохід.
Buck mostró el mismo hambre de luchar y la misma cautela.
Бак виявляв таке ж жагу до боротьби та таку ж обережність.
También rodeó a su oponente, intentando obtener la ventaja en la batalla.
Він також обійшов свого супротивника, намагаючись отримати перевагу в битві.
Entonces sucedió algo inesperado y lo cambió todo.
Потім сталося щось несподіване і все змінило.
Ese momento retrasó la eventual lucha por el liderazgo.
Цей момент відтермінував остаточну боротьбу за лідерство.
Muchos kilómetros de camino y lucha aún nos esperaban antes del final.
Багато миль стежки та боротьби ще чекали на кінець.
Perrault gritó un juramento cuando un garrote impactó contra el hueso.
Перро вилаявся, коли палиця вдарилася об кістку.
Se escuchó un agudo grito de dolor y luego el caos explotó por todas partes.

Пролунав різкий крик болю, а потім навколо вибухнув хаос.

En el campamento se movían figuras oscuras: perros esquimales salvajes, hambrientos y feroces.

Темні постаті рухалися табором; дикі хаскі, голодні та люті.

Cuatro o cinco docenas de perros esquimales habían olfateado el campamento desde lejos.

Чотири чи п'ять десятків хаскі винюхали табір здалеку.

Se habían colado sigilosamente mientras los dos perros peleaban cerca.

Вони тихенько прокралися всередину, поки два собаки билися неподалік.

François y Perrault atacaron con garrotes a los invasores.

Франсуа та Перро кинулися в атаку, розмахуючи кийками на загарбників.

Los perros esquimales hambrientos mostraron los dientes y contraatacaron frenéticamente.

Зголоднілі хаскі показали зуби та шалено відбилися.

El olor a carne y a pan les había hecho perder todo miedo.

Запах м'яса та хліба прогнав їх із себе всякий страх.

Perrault golpeó a un perro que había enterrado su cabeza en el cajón de comida.

Перро побив собаку, який зарився головою в скриню з їжею.

El golpe fue muy fuerte y la caja se volcó, derramándose comida.

Удар був сильним, коробка перекинулася, і їжа розсипалася.

En cuestión de segundos, una veintena de bestias salvajes destrozaron el pan y la carne.

За лічені секунди десятки диких звірів роздерли хліб і м'ясо.

Los garrotes de los hombres asestaron golpe tras golpe, pero ningún perro se apartó.

Чоловічі кийки завдавали удару за ударом, але жоден собака не відвернувся.

Aullaron de dolor, pero lucharon hasta que no quedó comida.
Вони вили від болю, але билися, доки не залишилося їжі.
Mientras tanto, los perros de trineo habían saltado de sus camas nevadas.
Тим часом їздові собаки зістрибнули зі своїх засніжених ліжок.
Fueron atacados instantáneamente por los feroces y hambrientos huskies.
На них миттєво напали люті голодні хаскі.
Buck nunca había visto criaturas tan salvajes y hambrientas antes.
Бак ніколи раніше не бачив таких диких і голодних істот.
Su piel colgaba suelta, ocultando apenas sus esqueletos.
Їхня шкіра вільно звисала, ледве приховуючи їхні скелети.
Había un fuego en sus ojos, de hambre y locura.
В їхніх очах горів вогонь від голоду та божевілля
No había manera de detenerlos, de resistirse a su ataque salvaje.
Їх не можна було зупинити, не можна було чинити опір їхньому дикому нападу.
Los perros de trineo fueron empujados hacia atrás y presionados contra la pared del acantilado.
Їзових собак відштовхнули назад, притиснувши до стіни скелі.
Tres perros esquimales atacaron a Buck a la vez, desgarrando su carne.
Троє хаскі одночасно напали на Бака, розриваючи його плоть.
La sangre le brotaba de la cabeza y de los hombros, donde había recibido el corte.
Кров лилася з його голови та плечей, де його порізали.
El ruido llenó el campamento: gruñidos, aullidos y gritos de dolor.
Шум наповнив табір: гарчання, вереск і крики болю.
Billee gritó fuerte, como siempre, atrapada en la pelea y el pánico.

Біллі голосно заплакала, як завжди, посеред сутички та паніки.

Dave y Solleks estaban uno al lado del otro, sangrando pero desafiantes.

Дейв і Соллекс стояли пліч-о-пліч, стікаючи кров'ю, але зухвало.

Joe peleó como un demonio, mordiendo todo lo que se acercaba.

Джо бився, як демон, кусаючи все, що наближалося.

Aplastó la pata de un husky con un brutal chasquido de sus mandíbulas.

Він одним жорстоким клацанням щелеп розчавив ногу хаскі.

Pike saltó sobre el husky herido y le rompió el cuello instantáneamente.

Щука стрибнула на поранену лайку та миттєво зламала їй шию.

Buck agarró a un husky por el cuello y le arrancó la vena.

Бак схопив хаскі за горло та розірвав вену.

La sangre salpicó y el sabor cálido llevó a Buck al frenesí.

Бризнула кров, а теплий смак довів Бака до шаленства.

Se abalanzó sobre otro atacante sin dudarlo.

Він без вагань кинувся на іншого нападника.

En ese mismo momento, unos dientes afilados se clavaron en la garganta de Buck.

Тієї ж миті гострі зуби вп'ялися в горло Бака.

Spitz había atacado desde un costado, sin previo aviso.

Шпіц завдав удару збоку, атакуючи без попередження.

Perrault y François habían derrotado a los perros robando la comida.

Перро та Франсуа перемогли собак, які крали їжу.

Ahora se apresuraron a ayudar a sus perros a luchar contra los atacantes.

Тепер вони кинулися допомагати своїм собакам відбиватися від нападників.

Los perros hambrientos se retiraron mientras los hombres blandían sus garrotes.

Голодні собаки відступили, коли чоловіки розмахували своїми кийками.
Buck se liberó del ataque, pero el escape fue breve.
Бак вирвався з-під нападу, але втеча була недовгою.
Los hombres corrieron a salvar a sus perros, y los huskies volvieron a atacarlos.
Чоловіки побігли рятувати своїх собак, і хаскі знову зграєю нахлинули на них.
Billee, aterrorizado y valiente, saltó hacia la jauría de perros.
Біллі, наляканий до сміливості, стрибнув у зграю собак.
Pero luego huyó a través del hielo, presa del terror y el pánico.
Але потім він утік по льоду, охоплений жахом і панікою.
Pike y Dub los siguieron de cerca, corriendo para salvar sus vidas.
Пайк і Даб йшли одразу позаду, рятуючи своє життя.
El resto del equipo se separó y se dispersó, siguiéndolos.
Решта команди розбіглася та побігла за ними.
Buck reunió sus fuerzas para correr, pero entonces vio un destello.
Бак зібрав сили, щоб бігти, але раптом побачив спалах.
Spitz se abalanzó sobre el costado de Buck, intentando derribarlo al suelo.
Шпіц кинувся на Бака, намагаючись збити його з ніг.
Bajo esa turba de perros esquimales, Buck no habría tenido escapatoria.
Під таким натовпом хаскі Баку не було б порятунку.
Pero Buck se mantuvo firme y se preparó para el golpe de Spitz.
Але Бак стояв твердо і готувався до удару Шпіца.
Luego se dio la vuelta y salió corriendo al hielo con el equipo que huía.
Потім він розвернувся і вибіг на лід разом з командою, що тікала.

Más tarde, los nueve perros de trineo se reunieron al abrigo del bosque.

Пізніше дев'ять їздових собак зібралися в лісовому укритті.
Ya nadie los perseguía, pero estaban maltratados y heridos.
Ніхто їх більше не переслідував, але вони були побиті та поранені.
Cada perro tenía heridas: cuatro o cinco cortes profundos en cada cuerpo.
У кожного собаки були рани; чотири чи п'ять глибоких порізів на тілі.
Dub tenía una pata trasera herida y ahora le costaba caminar.
У Дуба була травма задньої ноги, і йому тепер було важко ходити.
Dolly, la perrita más nueva de Dyea, tenía la garganta cortada.
Доллі, найновіша собака з Дайї, мала перерізане горло.
Joe había perdido un ojo y la oreja de Billee estaba cortada en pedazos.
Джо втратив око, а вухо Біллі було розрізане на шматки
Todos los perros lloraron de dolor y derrota durante toda la noche.
Усі собаки кричали від болю та поразки всю ніч.
Al amanecer regresaron al campamento doloridos y destrozados.
На світанку вони прокралися назад до табору, знесилені та розбиті.
Los perros esquimales habían desaparecido, pero el daño ya estaba hecho.
Хаскі зникли, але шкода вже була завдана.
Perrault y François estaban de mal humor ante las ruinas.
Перро та Франсуа стояли над руїнами в кепському настрої.
La mitad de la comida había desaparecido, robada por los ladrones hambrientos.
Половина їжі зникла, її пограбували голодні злодії.
Los perros esquimales habían destrozado las ataduras y la lona del trineo.
Хаскі порвали кріплення саней та парусину.
Todo lo que tenía olor a comida había sido devorado por completo.

Все, що мало запах їжі, було з'їдено повністю.
Se comieron un par de botas de viaje de piel de alce de Perrault.
Вони з'їли пару дорожніх чобіт Перро зі шкіри лося.
Masticaban correas de cuero y arruinaban las correas hasta dejarlas inservibles.
Вони жували шкіряні рейси та псували ремені до непридатності.
François dejó de mirar el látigo roto para revisar a los perros.
Франсуа перестав дивитися на порвану батіг, щоб оглянути собак.
—Ah, amigos míos —dijo en voz baja y llena de preocupación.
«Ах, друзі мої», — сказав він тихим, сповненим тривоги голосом.
"Tal vez todas estas mordeduras os conviertan en bestias locas."
«Можливо, всі ці укуси перетворять вас на скажених звірів».
—¡Quizás todos sean perros rabiosos, sacredam! ¿Qué opinas, Perrault?
«Можливо, всі скажені собаки, сакраменто! Що ви думаєте, Перро?»
Perrault meneó la cabeza; sus ojos estaban oscuros por la preocupación y el miedo.
Перро похитав головою, його очі потемніли від занепокоєння та страху.
Todavía había cuatrocientas millas entre ellos y Dawson.
Між ними та Доусоном ще лежало чотириста миль.
La locura canina ahora podría destruir cualquier posibilidad de supervivencia.
Собаче божевілля тепер може знищити будь-який шанс на виживання.
Pasaron dos horas maldiciendo y tratando de arreglar el engranaje.
Вони дві години лаялися та намагалися полагодити спорядження.

El equipo herido finalmente abandonó el campamento, destrozado y derrotado.
Поранена команда нарешті покинула табір, розбита та переможена.
Éste fue el camino más difícil hasta ahora y cada paso era doloroso.
Це була найважча стежка, і кожен крок був болісним.
El río Treinta Millas no se había congelado y su caudal corría con fuerza.
Річка Тридцять-Майл не замерзла і шалено стрімко текла.
Sólo en los lugares tranquilos y en los remolinos el hielo logró retenerse.
Лише в спокійних місцях та вируючих вирах лід встигав утриматися.
Pasaron seis días de duro trabajo hasta recorrer las treinta millas.
Шість днів важкої праці минуло, поки тридцять миль були подолані.
Cada kilómetro del camino traía consigo peligro y amenaza de muerte.
Кожна миля стежки приносила небезпеку та загрозу смерті.
Los hombres y los perros arriesgaban sus vidas con cada doloroso paso.
Чоловіки та собаки ризикували своїм життям на кожному болісному кроці.
Perrault rompió delgados puentes de hielo una docena de veces diferentes.
Перро пробивав тонкі крижані мости десятки разів.
Llevó un palo y lo dejó caer sobre el agujero que había hecho su cuerpo.
Він ніс жердину і кинув її на отвір, який утворило його тіло.
Más de una vez ese palo salvó a Perrault de ahogarse.
Не раз ця жердина рятувала Перро від утоплення.
La ola de frío se mantuvo firme y el aire estaba a cincuenta grados bajo cero.

Похолодання тримaлося міцно, температура повітря була п'ятдесят градусів нижче нуля.

Cada vez que se caía, Perrault tenía que encender un fuego para sobrevivir.

Щоразу, коли він падав у вогонь, Перро мусив розводити вогонь, щоб вижити.

La ropa mojada se congelaba rápidamente, por lo que la secaba cerca del calor abrasador.

Мокрий одяг швидко замерзав, тому він сушив його біля палючої спеки.

Ningún miedo afectó jamás a Perrault, y eso lo convirtió en mensajero.

Жоден страх ніколи не торкався Перро, і це робило його кур'єром.

Fue elegido para el peligro y lo afrontó con tranquila resolución.

Його обрали для небезпеки, і він зустрів її зі спокійною рішучістю.

Avanzó contra el viento, con el rostro arrugado y congelado.

Він штовхався вперед, проти вітру, його зморщене обличчя було обморожене.

Desde el amanecer hasta el anochecer, Perrault los condujo hacia adelante.

Від слабкого світанку до настання темряви Перро вів їх уперед.

Caminó sobre un estrecho borde de hielo que se agrietaba con cada paso.

Він йшов вузькою крижаною облямівкою, яка тріскалася з кожним кроком.

No se atrevieron a detenerse: cada pausa suponía el riesgo de un colapso mortal.

Вони не сміли зупинятися — кожна пауза ризикувала смертельним падінням.

Una vez, el trineo se abrió paso y arrastró a Dave y Buck.

Одного разу сани прорвалися, потягнувши за собою Дейва та Бака.

Cuando los liberaron, ambos estaban casi congelados.

Коли їх витягли на волю, обоє були майже замерзлі.
Los hombres hicieron un fuego rápidamente para mantener con vida a Buck y Dave.
Чоловіки швидко розпалили багаття, щоб Бак і Дейв залишилися живими.
Los perros estaban cubiertos de hielo desde la nariz hasta la cola, rígidos como madera tallada.
Собаки були вкриті льодом від носа до хвоста, затверділі, як різьблене дерево.
Los hombres los hicieron correr en círculos cerca del fuego para descongelar sus cuerpos.
Чоловіки бігали ними по колу біля вогню, щоб розморозити їхні тіла.
Se acercaron tanto a las llamas que su pelaje se quemó.
Вони підійшли так близько до полум'я, що їхнє хутро обпекло.
Luego Spitz rompió el hielo y arrastró al equipo detrás de él.
Наступним крізь лід прорвався Шпіц, потягнувши за собою команду.
La ruptura llegó hasta donde Buck estaba tirando.
Прорив сягав аж до того місця, де тягнув Бак.
Buck se reclinó con fuerza hacia atrás, sus patas resbalaron y temblaron en el borde.
Бак різко відкинувся назад, лапи ковзали й тремтіли на краю.
Dave también se esforzó hacia atrás, justo detrás de Buck en la línea.
Дейв також напружився назад, одразу за Баком на мотузці.
François tiró del trineo; sus músculos crujían por el esfuerzo.
Франсуа тягнув сани, його м'язи тріщали від напруження.
En otra ocasión, el borde del hielo se agrietó delante y detrás del trineo.
Іншого разу крайній лід тріснув перед і позаду саней.
No tenían otra salida que escalar una pared del acantilado congelado.

У них не було іншого виходу, окрім як вилізти на замерзлу стіну скелі.

De alguna manera Perrault logró escalar el muro; un milagro lo mantuvo con vida.

Перро якимось чином переліз на стіну; диво врятувало його життя.

François se quedó abajo, rezando por tener la misma suerte.

Франсуа залишився внизу, молячись про таку ж удачу.

Ataron todas las correas, amarres y tirantes hasta formar una cuerda larga.

Вони зв'язали кожен ремінь, мотузку та шнур в одну довгу мотузку.

Los hombres subieron cada perro, uno a uno, hasta la cima.

Чоловіки по черзі витягували собак нагору.

François subió el último, después del trineo y toda la carga.

Франсуа піднявся останнім, після санок та всього вантажу.

Entonces comenzó una larga búsqueda de un camino para bajar de los acantilados.

Потім почалися довгі пошуки стежки вниз зі скель.

Finalmente descendieron usando la misma cuerda que habían hecho.

Зрештою вони спустилися, використовуючи ту саму мотузку, яку самі зробили.

La noche cayó cuando regresaron al lecho del río, exhaustos y doloridos.

Ніч настала, коли вони повернулися до русла річки, виснажені та з болем у шкірі.

El día completo les había proporcionado sólo un cuarto de milla de ganancia.

Їм знадобився цілий день, щоб подолати лише чверть милі.

Cuando llegaron a Hootalinqua, Buck estaba agotado.

Коли вони дісталися до Хуталінкви, Бак був дуже виснажений.

Los demás perros sufrieron igual de mal las condiciones del sendero.

Інші собаки так само сильно постраждали від умов стежки.

Pero Perrault necesitaba recuperar tiempo y los presionaba cada día.

Але Перро потрібно було надолужити час, і він щодня підганявся до них.

El primer día viajaron treinta millas hasta Big Salmon.

Першого дня вони проїхали тридцять миль до Біг-Салмона.

Al día siguiente viajaron treinta y cinco millas hasta Little Salmon.

Наступного дня вони подолали тридцять п'ять миль до Літтл-Салмона.

Al tercer día avanzaron a través de cuarenta largas y heladas millas.

На третій день вони пройшли сорок довгих замерзлих миль.

Para entonces, se estaban acercando al asentamiento de Five Fingers.

На той час вони вже наближалися до поселення П'ять Пальців.

Los pies de Buck eran más suaves que los duros pies de los huskies nativos.

Лапи Бака були м'якші за тверді лапи місцевих хаскі.

Sus patas se habían vuelto tiernas a lo largo de muchas generaciones civilizadas.

Його лапи стали ніжними протягом багатьох поколінь цивілізованого населення.

Hace mucho tiempo, sus antepasados habían sido domesticados por hombres del río o cazadores.

Давним-давно його предків приручили річкові люди або мисливці.

Todos los días Buck cojeaba de dolor, caminando sobre sus patas doloridas y en carne viva.

Щодня Бак кульгав від болю, ходячи на заболінених, ниючих лапах.

En el campamento, Buck cayó como un cuerpo sin vida sobre la nieve.
У таборі Бак упав на сніг, немов бездиханe тіло.
Aunque estaba hambriento, Buck no se levantó a comer su cena.
Хоча Бак і був голодний, він не встав, щоб повечеряти.
François le trajo a Buck su ración, poniendo pescado junto a su hocico.
Франсуа приніс Баку його пайок, підкладаючи рибу йому біля морди.
Cada noche, el conductor frotaba los pies de Buck durante media hora.
Щоночі водій півгодини розтирав Баку ноги.
François incluso cortó sus propios mocasines para hacer calzado para perros.
Франсуа навіть розрізав власні мокасини, щоб зробити з них взуття для собак.
Cuatro zapatos cálidos le dieron a Buck un gran y bienvenido alivio.
Чотири теплі черевики принесли Баку велике та бажане полегшення.
Una mañana, François olvidó los zapatos y Buck se negó a levantarse.
Одного ранку Франсуа забув черевики, а Бак відмовився вставати.
Buck yacía de espaldas, con los pies en el aire, agitándolos lastimeramente.
Бак лежав на спині, піднявши ноги вгору, і жалібно розмахував ними.
Incluso Perrault sonrió al ver la dramática súplica de Buck.
Навіть Перро посміхнувся, побачивши драматичне благання Бака.
Pronto los pies de Buck se endurecieron y los zapatos pudieron desecharse.
Невдовзі ноги Бака затверділи, і взуття можна було викинути.

En Pelly, durante el periodo de uso del arnés, Dolly emitió un aullido terrible.
У Пеллі, під час їзди на конях, Доллі видала жахливе виття.

El grito fue largo y lleno de locura, sacudiendo a todos los perros.
Крик був довгим і сповненим божевілля, від якого тряслося кожен собака.

Cada perro se erizaba de miedo sin saber el motivo.
Кожен собака наїжачився від страху, не знаючи причини.

Dolly se volvió loca y se arrojó directamente hacia Buck.
Доллі збожеволіла і кинулася прямо на Бака.

Buck nunca había visto la locura, pero el horror llenó su corazón.
Бак ніколи не бачив божевілля, але жах сповнював його серце.

Sin pensarlo, se dio la vuelta y huyó presa del pánico absoluto.
Не замислюючись, він повернувся і втік у повній паніці.

Dolly lo persiguió con los ojos desorbitados y la saliva saliendo de sus mandíbulas.
Доллі гналася за ним, її очі були шалені, з щелеп летіла слина.

Ella se mantuvo justo detrás de Buck, sin ganar terreno ni quedarse atrás.
Вона трималася одразу за Баком, не наздоганяючи його і не відступаючи.

Buck corrió a través del bosque, bajó por la isla y cruzó el hielo irregular.
Бак біг крізь ліс, вниз по острову, по нерівному льоду.

Cruzó hacia una isla, luego hacia otra, dando la vuelta nuevamente hasta el río.
Він перейшов до одного острова, потім до іншого, повернувшись до річки.

Aún así Dolly lo persiguió, con su gruñido detrás de cada paso.

Доллі все ще гналася за ним, її гарчання чулося позаду на кожному кроці.

Buck podía oír su respiración y su rabia, aunque no se atrevía a mirar atrás.

Бак чув її дихання та лють, хоча не наважувався озирнутися.

François gritó desde lejos y Buck se giró hacia la voz.

Франсуа крикнув здалеку, і Бак обернувся на голос.

Todavía jadeando en busca de aire, Buck pasó corriendo, poniendo toda su esperanza en François.

Все ще хапаючи ротом повітря, Бак пробіг повз, покладаючи всю надію на Франсуа.

El conductor del perro levantó un hacha y esperó mientras Buck pasaba volando.

Погонич собаки підняв сокиру й чекав, поки Бак пролетить повз.

El hacha cayó rápidamente y golpeó la cabeza de Dolly con una fuerza mortal.

Сокира швидко опустилася і зі смертельною силою вдарила Доллі по голові.

Buck se desplomó cerca del trineo, jadeando e incapaz de moverse.

Бак звалився біля саней, хрипів і не міг поворухнутися.

Ese momento le dio a Spitz la oportunidad de golpear a un enemigo exhausto.

Цей момент дав Шпіцу шанс вдарити по виснаженому ворогу.

Mordió a Buck dos veces, desgarrando la carne hasta el hueso blanco.

Двічі він вкусив Бака, роздерши плоть аж до білої кістки.

El látigo de François hizo chasquear el látigo y golpeó a Spitz con toda su fuerza y furia.

Батіг Франсуа хруснув, вдаривши Шпіца з повною, лютою силою.

Buck observó con alegría cómo Spitz recibía la paliza más dura que había recibido hasta entonces.

Бак з радістю спостерігав, як Шпіц отримав свої найжорстокіші побої.

"Es un demonio ese Spitz", murmuró Perrault para sí mismo.

«Він диявол, цей Шпіц», — похмуро пробурмотів Перро сам собі під ніс.

"Algún día, ese maldito perro matará a Buck, lo juro".

«Колись скоро цей клятий собака вб'є Бака — клянусь.»

—Ese Buck tiene dos demonios dentro —respondió François asintiendo.

«У цьому Баку два дияволи», – відповів Франсуа, кивнувши.

"Cuando veo a Buck, sé que algo feroz le aguarda dentro".

«Коли я спостерігаю за Баком, я відчуваю, що в ньому чекає щось несамовите».

"Un día se pondrá furioso y destrozará a Spitz".

«Одного дня він розлютиться, як вогонь, і розірве Шпіца на шматки».

"Masticará a ese perro y lo escupirá en la nieve congelada".

«Він розжує цього собаку та виплюне його на замерзлий сніг».

"Estoy seguro de que lo sé en lo más profundo de mi ser".

«Звісно ж, я знаю це глибоко в глибині душі».

A partir de ese momento los dos perros quedaron en guerra.

З того моменту між двома собаками почалася війна.

Spitz lideró al equipo y mantuvo el poder, pero Buck lo desafió.

Шпітц очолював команду та мав владу, але Бак кинув цьому виклик.

Spitz vio su rango amenazado por este extraño extraño de Southland.

Шпіц бачив, як цей дивний незнайомець з Півдня загрожує його рангу.

Buck no se parecía a ningún otro perro sureño que Spitz hubiera conocido antes.

Бак був не схожий на жодного південного собаку, якого Шпіц знав раніше.

La mayoría de ellos fracasaron: eran demasiado débiles para sobrevivir al frío y al hambre.

Більшість із них зазнали невдачі — вони були надто слабкі, щоб пережити холод і голод.

Murieron rápidamente bajo el trabajo, las heladas y el lento ardor del hambre.

Вони швидко помирали від праці, морозу та повільного горіння голоду.

Buck se destacó: cada día más fuerte, más inteligente y más salvaje.

Бак виділявся — з кожним днем сильніший, розумніший і лютіший.

Prosperó a pesar de las dificultades y creció hasta alcanzar el nivel de los perros esquimales del norte.

Він процвітав у труднощах, виростаючи, щоб відповідати північним хаскі.

Buck tenía fuerza, habilidad salvaje y un instinto paciente y mortal.

Бак мав силу, шалену майстерність і терплячий, смертоносний інстинкт.

El hombre con el garrote había golpeado la temeridad de Buck.

Чоловік з кийком вибив з Бака необачність.

La furia ciega desapareció y fue reemplazada por una astucia silenciosa y control.

Сліпа лють зникла, її замінили тиха хитрість і контроль.

Esperó, tranquilo y primario, observando el momento adecuado.

Він чекав, спокійний і первісний, вичікуючи слушного моменту.

Su lucha por el mando se hizo inevitable y clara.

Їхня боротьба за командування стала неминучою та очевидною.

Buck deseaba el liderazgo porque su espíritu lo exigía.

Бак прагнув лідерства, бо цього вимагав його дух.

Lo impulsaba el extraño orgullo nacido del camino y del arnés.

Його рухала дивна гордість, народжена стежкою та упряжю.
Ese orgullo hizo que los perros tiraran hasta caer sobre la nieve.
Ця гордість змушувала собак тягнути, аж поки вони не падали на сніг.
El orgullo los llevó a dar toda la fuerza que tenían.
Гордість спонукала їх віддати всю свою силу.
El orgullo puede atraer a un perro de trineo incluso hasta el punto de la muerte.
Гординя може заманити їздового собаку навіть до смерті.
La pérdida del arnés dejó a los perros rotos y sin propósito.
Втрата шлейки залишала собак розбитими та безцільними.
El corazón de un perro de trineo puede quedar aplastado por la vergüenza cuando se retira.
Серце їздового собаки може бути розчавлене від сорому, коли вони відходять на пенсію.
Dave vivió con ese orgullo mientras arrastraba el trineo desde atrás.
Дейв жив цією гордістю, тягнучи сани ззаду.
Solleks también lo dio todo con fuerza y lealtad.
Соллекс також віддавався всією своєю незмінною силою та вірністю.
Cada mañana, el orgullo los transformaba de amargados a decididos.
Щоранку гордість перетворювала їх з озлоблених на рішучих.
Empujaron todo el día y luego se quedaron en silencio al final del campamento.
Вони штовхалися цілий день, а потім замовкли на краю табору.
Ese orgullo le dio a Spitz la fuerza para poner a raya a los evasores.
Ця гордість дала Шпіцу сили змусити ухилячів від роботи вишикуватися.

Spitz temía a Buck porque Buck tenía ese mismo orgullo profundo.
Шпіц боявся Бака, бо Бак мав у собі таку ж глибоку гордість.
El orgullo de Buck ahora se agitó contra Spitz, y no se detuvo.
Гордість Бака тепер обурилася проти Шпіца, і він не зупинився.
Buck desafió el poder de Spitz y le impidió castigar a los perros.
Бак кинув виклик силі Шпіца та завадив йому покарати собак.
Cuando otros fallaron, Buck se interpuso entre ellos y su líder.
Коли інші зазнавали невдачі, Бак ставав між ними та їхнім лідером.
Lo hizo con intención, dejando claro y abierto su desafío.
Він зробив це навмисно, зробивши свій виклик відкритим і чітким.
Una noche, una fuerte nevada cubrió el mundo con un profundo silencio.
Однієї ночі сильний сніг огорнув світ глибокою тишею.
A la mañana siguiente, Pike, perezoso como siempre, no se levantó para ir a trabajar.
Наступного ранку Пайк, лінивіший, як завжди, не встав на роботу.
Se quedó escondido en su nido bajo una gruesa capa de nieve.
Він ховався у своєму гнізді під товстим шаром снігу.
François gritó y buscó, pero no pudo encontrar al perro.
Франсуа гукнув і почав шукати, але не зміг знайти собаку.
Spitz se puso furioso y atravesó furioso el campamento cubierto de nieve.
Шпіц розлютився та промчав крізь засніжений табір.
Gruñó y olfateó, cavando frenéticamente con ojos llameantes.

Він гарчав і шморгав носом, шалено копаючи палаючими очима.

Su rabia era tan feroz que Pike tembló de miedo bajo la nieve.

Його лють була такою люттю, що Пайк затремтів під снігом від страху.

Cuando finalmente encontraron a Pike, Spitz se abalanzó sobre él para castigar al perro que estaba escondido.

Коли Пайка нарешті знайшли, Шпіц кинувся покарати собаку, що сховався.

Pero Buck saltó entre ellos con una furia igual a la de Spitz.

Але Бак стрибнув між ними з люттю, не меншою за Шпіца.

El ataque fue tan repentino e inteligente que Spitz cayó al suelo.

Атака була настільки раптовою та хитрою, що Шпіц упав з ніг.

Pike, que estaba temblando, se animó ante este desafío.

Пайк, якого весь тремтів, набрався сміливості після цього непокори.

Saltó sobre el Spitz caído, siguiendo el audaz ejemplo de Buck.

Він стрибнув на поваленого Шпіца, наслідуючи сміливий приклад Бака.

Buck, que ya no estaba obligado por la justicia, se unió a la huelga de Spitz.

Бак, більше не зв'язаний принципами справедливості, приєднався до страйку на Шпітці.

François, divertido pero firme en su disciplina, blandió su pesado látigo.

Франсуа, розважений, але водночас непохитний у дисципліні, розмахнувся важким батогом.

Golpeó a Buck con todas sus fuerzas para acabar con la pelea.

Він щосили вдарив Бака, щоб припинити бійку.

Buck se negó a moverse y se quedó encima del líder caído.

Бак відмовився рухатися і залишився на полеглому лідері.

François entonces utilizó el mango del látigo y golpeó con fuerza a Buck.

Тоді Франсуа скористався ручкою батога, сильно вдаривши Бака.

Tambaleándose por el golpe, Buck cayó hacia atrás bajo el asalto.

Захитавшись від удару, Бак упав назад під натиском.

François golpeó una y otra vez mientras Spitz castigaba a Pike.

Франсуа бив знову і знову, поки Шпіц карав Пайка.

Pasaron los días y Dawson City estaba cada vez más cerca.

Дні минали, і Доусон-Сіті ставав все ближче й ближче.

Buck seguía interfiriendo, interponiéndose entre Spitz y otros perros.

Бак постійно втручався, проскакуючи між Шпіцем та іншими собаками.

Elegía bien sus momentos, esperando siempre que François se marchase.

Він вміло вибирав моменти, завжди чекаючи, поки Франсуа піде.

La rebelión silenciosa de Buck se extendió y el desorden se arraigó en el equipo.

Тихий бунт Бака поширився, і в команді поширився безлад.

Dave y Solleks se mantuvieron leales, pero otros se volvieron rebeldes.

Дейв і Соллекс залишилися вірними, але інші стали непокірними.

El equipo empeoró: se volvió inquieto, pendenciero y fuera de lugar.

Команда ставала дедалі гіршою — неспокійною, сварливою та невідповідною.

Ya nada funcionaba con fluidez y las peleas se volvieron algo habitual.

Нічого більше не працювало гладко, і бійки стали звичним явищем.

Buck permaneció en el corazón del problema, provocando siempre malestar.
Бак залишався в самому центрі конфлікту, завжди провокуючи заворушення.

François se mantuvo alerta, temeroso de la pelea entre Buck y Spitz.
Франсуа залишався напоготові, боячись бійки між Баком і Шпіцем.

Cada noche, las peleas lo despertaban, temiendo que finalmente llegara el comienzo.
Щоночі його будили бійки, він боявся, що нарешті настав початок.

Saltó de su túnica, dispuesto a detener la pelea.
Він зіскочив з мантії, готовий розірвати бійку.

Pero el momento nunca llegó y finalmente llegaron a Dawson.
Але цей момент так і не настав, і вони нарешті дісталися Доусона.

El equipo entró en la ciudad una tarde sombría, tensa y silenciosa.
Одного похмурого дня команда в'їхала до міста, напружена та тиха.

La gran batalla por el liderazgo todavía estaba suspendida en el aire.
Велика битва за лідерство все ще висіла в замерзлому повітрі.

Dawson estaba lleno de hombres y perros de trineo, todos ocupados con el trabajo.
Доусон був сповнений чоловіків та їздових собак, усі зайняті роботою.

Buck observó a los perros tirar cargas desde la mañana hasta la noche.
Бак спостерігав, як собаки тягли вантажі з ранку до вечора.

Transportaban troncos y leña y transportaban suministros a las minas.
Вони перевозили колоди та дрова, вантажили припаси до шахт.

Donde antes trabajaban los caballos en las tierras del sur, ahora trabajaban los perros.

Там, де колись на Півдні працювали коні, тепер трудилися собаки.

Buck vio algunos perros del sur, pero la mayoría eran huskies parecidos a lobos.

Бак бачив кількох собак з півдня, але більшість із них були схожі на вовків-хаскі.

Por la noche, como un reloj, los perros alzaban sus voces cantando.

Вночі, як годинник, собаки підвищували голоси у пісні.

A las nueve, a las doce y de nuevo a las tres, empezó el canto.

О дев'ятій, опівночі і знову о третій починався спів.

A Buck le encantaba unirse a su canto misterioso, de sonido salvaje y antiguo.

Бак любив приєднуватися до їхнього моторошного співу, дикого та стародавнього за звучанням.

La aurora llameó, las estrellas bailaron y la nieve cubrió la tierra.

Палахнуло полярне сяйво, танцювали зірки, а землю вкрив сніг.

El canto de los perros se elevó como un grito contra el silencio y el frío intenso.

Собачий спів піднявся, немов крик проти тиші та лютого холоду.

Pero su aullido contenía tristeza, no desafío, en cada larga nota.

Але в кожній довгій ноті їхнього виття чувся смуток, а не виклик.

Cada grito lamentable estaba lleno de súplica: el peso de la vida misma.

Кожен плач був сповнений благання; тягарем самого життя.

Esa canción era vieja, más vieja que las ciudades y más vieja que los incendios.

Та пісня була старою — давнішою за міста і давнішою за пожежі

Aquella canción era más antigua incluso que las voces de los hombres.
Та пісня була навіть давнішою за людські голоси.
Era una canción del mundo joven, cuando todas las canciones eran tristes.
Це була пісня з молодого світу, коли всі пісні були сумними.
La canción transportaba el dolor de incontables generaciones de perros.
Пісня несла в собі смуток незліченних поколінь собак.
Buck sintió la melodía profundamente, gimiendo por un dolor arraigado en los siglos.
Бак глибоко відчув мелодію, стогнучи від болю, що сягав корінням у віки.
Sollozaba por un dolor tan antiguo como la sangre salvaje en sus venas.
Він ридав від горя, такого ж старого, як шалена кров у його жилах.
El frío, la oscuridad y el misterio tocaron el alma de Buck.
Холод, темрява та таємничість торкнулися душі Бака.
Esa canción demostró hasta qué punto Buck había regresado a sus orígenes.
Ця пісня довела, наскільки далеко Бак повернувся до своїх витоків.
Entre la nieve y los aullidos había encontrado el comienzo de su propia vida.
Крізь сніг та виття він знайшов початок власного життя.

Siete días después de llegar a Dawson, partieron nuevamente.
Через сім днів після прибуття до Доусона вони знову вирушили в дорогу.
El equipo descendió del cuartel hasta el sendero Yukon.
Команда спустилася з казарм до Юконської стежки.
Comenzaron el viaje de regreso hacia Dyea y Salt Water.
Вони почали подорож назад до Дайї та Солт-Вотер.
Perrault llevaba despachos aún más urgentes que antes.

Перро перевозив депеші ще терміновіші, ніж раніше.
También se sintió dominado por el orgullo por el sendero y se propuso establecer un récord.
Його також охопила гордість за перемогу на трейлі, і він прагнув встановити рекорд.
Esta vez, varias ventajas estaban del lado de Perrault.
Цього разу кілька переваг були на боці Перро.
Los perros habían descansado durante una semana entera y recuperaron su fuerza.
Собаки відпочивали цілий тиждень і відновили свої сили.
El camino que ellos habían abierto ahora estaba compactado por otros.
Стежка, яку вони протоптали, тепер була міцно втоптана іншими.
En algunos lugares, la policía había almacenado comida tanto para perros como para hombres.
У деяких місцях поліція зберігала їжу як для собак, так і для чоловіків.
Perrault viajaba ligero, moviéndose rápido y con poco que lo pesara.
Перро подорожував без багажу, рухаючись швидко, маючи мало що, що його обтяжувало.
Llegaron a Sixty-Mile, un recorrido de cincuenta millas, en la primera noche.
Вони досягли Шістдесятої Милі, п'ятдесятимильної пробіжки, до першої ночі.
El segundo día, se apresuraron a subir por el Yukón hacia Pelly.
На другий день вони кинулися вгору по Юкону до Пеллі.
Pero estos grandes avances implicaron un gran esfuerzo para François.
Але такий чудовий прогрес супроводжувався великими труднощами для Франсуа.
La rebelión silenciosa de Buck había destrozado la disciplina del equipo.
Тихий бунт Бака підірвав дисципліну команди.
Ya no tiraban juntos como una sola bestia bajo las riendas.

Вони більше не тягнулися разом, як один звір у віжах.
Buck había llevado a otros al desafío mediante su valiente ejemplo.
Бак своїм сміливим прикладом спонукав інших до непокори.
La orden de Spitz ya no fue recibida con miedo ni respeto.
Наказ Шпіца більше не зустрічався зі страхом чи повагою.
Los demás perdieron el respeto que le tenían y se atrevieron a resistirse a su gobierno.
Інші втратили перед ним благоговіння та наважилися чинити опір його правлінню.
Una noche, Pike robó medio pescado y se lo comió bajo la mirada de Buck.
Одного разу вночі Пайк вкрав піврибини та з'їв її під оком у Бака.
Otra noche, Dub y Joe pelearon contra Spitz y quedaron impunes.
Іншої ночі Даб і Джо побилися зі Шпіцем і залишилися безкарними.
Incluso Billee se quejó con menos dulzura y mostró una nueva agudeza.
Навіть Біллі скиглила менш солодко та виявила нову гостроту.
Buck le gruñó a Spitz cada vez que se cruzaban.
Бак гарчав на Шпіца щоразу, коли вони перетиналися.
La actitud de Buck se volvió audaz y amenazante, casi como la de un matón.
Постава Бака стала зухвалою та загрозливою, майже як у хулігана.
Caminó delante de Spitz con arrogancia, lleno de amenaza burlona.
Він походжав перед Шпіцем із чванливою появою, сповненою глузливої погрози.
Ese colapso del orden se extendió también entre los perros de trineo.
Цей крах порядку поширився і серед їздових собак.

Pelearon y discutieron más que nunca, llenando el campamento de ruido.
Вони билися та сперечалися більше, ніж будь-коли, наповнюючи табір гамором.
La vida en el campamento se convertía cada noche en un caos salvaje y aullante.
Табірне життя щоночі перетворювалося на дикий, виючий хаос.
Sólo Dave y Solleks permanecieron firmes y concentrados.
Тільки Дейв і Соллекс залишалися стійкими та зосередженими.
Pero incluso ellos se enojaron por las peleas constantes.
Але навіть вони стали запальними через постійні бійки.
François maldijo en lenguas extrañas y pisoteó con frustración.
Франсуа вилаявся дивними мовами та розчаровано тупнув ногами.
Se tiró del pelo y gritó mientras la nieve volaba bajo sus pies.
Він рвів на собі волосся і кричав, поки під ногами летів сніг.
Su látigo azotó a la manada, pero apenas logró mantenerlos bajo control.
Його батіг клацнув по зграї, але ледве втримав їх у черзі.
Cada vez que él le daba la espalda, la lucha estallaba de nuevo.
Щоразу, коли він повертався спиною, бійка спалахувала знову.
François utilizó el látigo para azotar a Spitz, mientras Buck lideraba a los rebeldes.
Франсуа використав батіг для Шпіца, поки Бак очолював повстанців.
Cada uno conocía el papel del otro, pero Buck evitó cualquier culpa.
Кожен знав роль іншого, але Бак уникав будь-яких звинувачень.

François nunca sorprendió a Buck iniciando una pelea o eludiendo su trabajo.
Франсуа ніколи не ловив Бака на тому, щоб він починав бійку чи ухилявся від роботи.
Buck trabajó duro con el arnés; el trabajo ahora emocionaba su espíritu.
Бак наполегливо працював у упряжі — важка праця тепер хвилювала його дух.
Pero encontró aún más alegría al provocar peleas y caos en el campamento.
Але ще більше радості він знаходив у розпалюванні бійок та хаосу в таборі.

Una noche, en la desembocadura del Tahkeena, Dub asustó a un conejo.
Одного вечора біля пащі Тахкіни Дуб налякав кролика.
Falló el tiro y el conejo con raquetas de nieve saltó lejos.
Він не встиг зачепитися, і заєць-снігоступи відскочив геть.
En cuestión de segundos, todo el equipo de trineo los persiguió con gritos salvajes.
За лічені секунди вся упряжка з дикими криками кинулася в погоню.
Cerca de allí, un campamento de la Policía del Noroeste albergaba cincuenta perros husky.
Неподалік, у таборі поліції Північно-Західного регіону, тримали п'ятдесят собак породи хаскі.
Se unieron a la caza y navegaron juntos por el río helado.
Вони приєдналися до полювання, разом мчачи вниз по замерзлій річці.
El conejo se desvió del río y huyó hacia el lecho congelado del arroyo.
Кролик звернув з річки, тікаючи вгору замерзлим руслом струмка.
El conejo saltaba suavemente sobre la nieve mientras los perros se abrían paso con dificultad.
Кролик легко підстрибував по снігу, поки собаки пробиралися крізь нього.

Buck lideró la enorme manada de sesenta perros en cada curva.
Бак вів величезну зграю з шістдесяти собак за кожним звивистим поворотом.
Avanzó lentamente y con entusiasmo, pero no pudo ganar terreno.
Він просувався вперед, низько та завзято, але не міг набрати обертів.
Su cuerpo brillaba bajo la pálida luna con cada poderoso salto.
Його тіло миготіло під блідим місяцем з кожним потужним стрибком.
Más adelante, el conejo se movía como un fantasma, silencioso y demasiado rápido para atraparlo.
Попереду кролик рухався, немов привид, безшумний і надто швидкий, щоб його впіймати.
Todos esos viejos instintos —el hambre, la emoción— se apoderaron de Buck.
Усі ці старі інстинкти — голод, трепет — пронизали Бака.
Los humanos a veces sienten este instinto y se ven impulsados a cazar con armas de fuego y balas.
Люди часом відчувають цей інстинкт, спонукані полювати з рушницею та кулею.
Pero Buck sintió este sentimiento a un nivel más profundo y personal.
Але Бак відчував це почуття на глибшому та більш особистому рівні.
No podían sentir lo salvaje en su sangre como Buck podía sentirlo.
Вони не могли відчувати дикість у своїй крові так, як її відчував Бак.
Persiguió carne viva, dispuesto a matar con los dientes y saborear la sangre.
Він гнався за живим м'ясом, готовий убити зубами та скуштувати крові.
Su cuerpo se tensó de alegría, queriendo bañarse en la cálida vida roja.

Його тіло напружувалося від радості, бажаючи купатися в теплому червоному житті.

Una extraña alegría marca el punto más alto que la vida puede alcanzar.

Дивна радість знаменує собою найвищу точку, якої може досягти життя.

La sensación de una cima donde los vivos olvidan que están vivos.

Відчуття вершини, де живі забувають, що вони взагалі живі.

Esta alegría profunda conmueve al artista perdido en una inspiración ardiente.

Ця глибока радість зворушує митця, зануреного у палке натхнення.

Esta alegría se apodera del soldado que lucha salvajemente y no perdona a ningún enemigo.

Ця радість охоплює солдата, який бореться несамовито і не щадить ворога.

Esta alegría ahora se apoderó de Buck mientras lideraba la manada con hambre primaria.

Ця радість тепер охопила Бака, коли він очолював зграю, сповнений первісного голоду.

Aulló con el antiguo grito del lobo, emocionado por la persecución en vida.

Він завив стародавнім вовчим криком, захоплений живою погонею.

Buck recurrió a la parte más antigua de sí mismo, perdida en la naturaleza.

Бак торкнувся найдавнішої частини себе, загубленої в дикій природі.

Llegó a lo más profundo, más allá de la memoria, al tiempo crudo y antiguo.

Він сягнув глибоко всередину, у минуле, у сирий, давній час.

Una ola de vida pura recorrió cada músculo y tendón.

Хвиля чистого життя пронизала кожен м'яз і сухожилля.

Cada salto gritaba que vivía, que avanzaba a través de la muerte.
Кожен стрибок кричав, що він живий, що він рухається крізь смерть.

Su cuerpo se elevaba alegremente sobre una tierra quieta y fría que nunca se movía.
Його тіло радісно ширяло над нерухомою, холодною землею, яка ніколи не ворушилася.

Spitz se mantuvo frío y astuto, incluso en sus momentos más salvajes.
Шпіц залишався холоднокровним і хитрим, навіть у свої найсміливіші моменти.

Dejó el sendero y cruzó el terreno donde el arroyo se curvaba ampliamente.
Він зійшов зі стежки та перетнув місцевість там, де струмок широко вигинався.

Buck, sin darse cuenta de esto, permaneció en el sinuoso camino del conejo.
Бак, не підозрюючи про це, залишився на звивистій стежці кролика.

Entonces, cuando Buck dobló una curva, el conejo fantasmal estaba frente a él.
Тоді, коли Бак завернув за поворот, перед ним з'явився кролик, схожий на привида.

Vio una segunda figura saltar desde la orilla delante de la presa.
Він побачив, як друга постать стрибнула з берега попереду здобичі.

La figura era Spitz, aterrizando justo en el camino del conejo que huía.
Фігурою був Шпіц, який приземлився прямо на шляху кролика, що тікав.

El conejo no pudo girar y se encontró con las fauces de Spitz en el aire.
Кролик не міг повернутись і вдарився Шпіца щелепами в повітрі.

La columna vertebral del conejo se rompió con un chillido tan agudo como el grito de un humano moribundo.
Хребет кролика зламався від крику, різкого, як крик вмираючої людини.
Ante ese sonido, la caída de la vida a la muerte, la manada aulló fuerte.
На цей звук — падіння з життя у смерть — зграя голосно завила.
Un coro salvaje se elevó detrás de Buck, lleno de oscuro deleite.
З-за спини Бака пролунав дикий хор, сповнений похмурого захвату.
Buck no emitió ningún grito ni sonido y se lanzó directamente hacia Spitz.
Бак не крикнув, не видав жодного звуку і кинувся прямо на Шпіца.
Apuntó a la garganta, pero en lugar de eso golpeó el hombro.
Він цілився в горло, але замість цього влучив у плече.
Cayeron sobre la nieve blanda; sus cuerpos trabados en combate.
Вони котилися крізь м'який сніг; їхні тіла зчепилися в бою.
Spitz se levantó rápidamente, como si nunca lo hubieran derribado.
Шпіц швидко схопився, ніби його й не збили.
Cortó el hombro de Buck y luego saltó para alejarse de la pelea.
Він рубонув Бака по плечу, а потім відскочив від бійки.
Sus dientes chasquearon dos veces como trampas de acero y sus labios se curvaron y fueron feroces.
Двічі його зуби клацнули, немов сталеві пастки, губи скривилися та люто відчувалися.
Retrocedió lentamente, buscando terreno firme bajo sus pies.
Він повільно відступив, шукаючи твердого ґрунту під ногами.
Buck comprendió el momento instantánea y completamente.
Бак миттєво і повністю зрозумів момент.

Había llegado el momento; la lucha iba a ser una lucha a muerte.
Час настав; бій мав бути битвою не на життя, а на смерть.
Los dos perros daban vueltas, gruñendo, con las orejas planas y los ojos entrecerrados.
Двоє собак кружляли навколо, гарчачи, з приплющеними вухами та змученими очима.
Cada perro esperaba que el otro mostrara debilidad o un paso en falso.
Кожен собака чекав, поки інший проявить слабкість або зробить невдалий крок.
Para Buck, la escena era inquietantemente conocida y recordada profundamente.
Баку ця сцена здалася моторошно відомою та глибоко запам'ятовувалася.
El bosque blanco, la tierra fría, la batalla bajo la luz de la luna.
Білі ліси, холодна земля, битва під місячним сяйвом.
Un pesado silencio llenó la tierra, profundo y antinatural.
Важка тиша наповнила землю, глибока та неприродна.
Ningún viento se agitó, ninguna hoja se movió, ningún sonido rompió la quietud.
Жоден вітерець не ворухнувся, жоден листок не ворухнувся, жоден звук не порушив тиші.
El aliento de los perros se elevaba como humo en el aire helado y silencioso.
Дихання собак здіймалося, мов дим, у замерзлому, тихому повітрі.
El conejo fue olvidado hace mucho tiempo por la manada de bestias salvajes.
Зграя диких звірів давно забула кролика.
Estos lobos medio domesticados ahora permanecían quietos formando un amplio círculo.
Ці напівприручені вовки тепер стояли нерухомо у широкому колі.
Estaban en silencio, sólo sus ojos brillantes revelaban su hambre.

Вони мовчали, лише їхні сяючі очі видавали їхній голод.
Su respiración se elevó mientras observaban cómo comenzaba la pelea final.
Їхнє дихання перехопило, коли вони спостерігали за початком фінальної битви.
Para Buck, esta batalla era vieja y esperada, nada extraña.
Для Бака ця битва була старою та очікуваною, зовсім не дивною.
Parecía el recuerdo de algo que siempre estuvo destinado a suceder.
Це було схоже на спогад про щось, що завжди мало статися.
Spitz era un perro de pelea entrenado, perfeccionado por innumerables peleas salvajes.
Шпіц був дресированим бійцівським собакою, відточеним незліченними дикими бійками.
Desde Spitzbergen hasta Canadá, había vencido a muchos enemigos.
Від Шпіцбергена до Канади він підкорив багатьох ворогів.
Estaba lleno de furia, pero nunca dejó controlar la rabia.
Він був сповнений люті, але ніколи не давав собі волю.
Su pasión era aguda, pero siempre templada por un duro instinto.
Його пристрасть була гострою, але завжди стримуваною жорстким інстинктом.
Nunca atacó hasta que su propia defensa estuvo en su lugar.
Він ніколи не атакував, доки не забезпечив власний захист.
Buck intentó una y otra vez alcanzar el vulnerable cuello de Spitz.
Бак знову і знову намагався дотягнутися до вразливої шиї Шпіца.
Pero cada golpe era correspondido con un corte de los afilados dientes de Spitz.
Але кожен удар зустрічався різким ударом гострих зубів Шпіца.
Sus colmillos chocaron y ambos perros sangraron por los labios desgarrados.

Їхні ікла зіткнулися, і в обох собак кров потекла з розірваних губ.
No importaba cuánto se lanzara Buck, no podía romper la defensa.
Як би Бак не робив випадів, він не міг прорвати захист.
Se puso más furioso y se abalanzó con salvajes ráfagas de poder.
Він дедалі більше розлютився, кидаючись уперед з шаленими сплесками сили.
Una y otra vez, Buck atacó la garganta blanca de Spitz.
Знову й знову Бак бив по білій шийці Шпіца.
Cada vez que Spitz esquivaba el ataque, contraatacaba con un mordisco cortante.
Щоразу Шпіц ухилявся і завдавав удару у відповідь різким укусом.
Entonces Buck cambió de táctica y se abalanzó nuevamente hacia la garganta.
Тоді Бак змінив тактику, знову кинувшись, ніби за горло.
Pero él retrocedió a mitad del ataque y se giró para atacar desde un costado.
Але він відступив під час атаки, повернувшись, щоб ударити збоку.
Le lanzó el hombro a Spitz con la intención de derribarlo.
Він вдарив плечем Шпіца, прагнучи збити його з ніг.
Cada vez que lo intentaba, Spitz lo esquivaba y contraatacaba con un corte.
Щоразу, коли він намагався, Шпіц ухилявся та парирував ударом.
El hombro de Buck se enrojeció cuando Spitz saltó después de cada golpe.
Плече Бака заболіло, коли Шпіц відстрибував після кожного удару.
Spitz no había sido tocado, mientras que Buck sangraba por muchas heridas.
Шпіца не чіпали, тоді як Бак стікав кров'ю з численних ран.

La respiración de Buck era rápida y pesada y su cuerpo estaba cubierto de sangre.
Бак важко й швидко дихав, його тіло було слизьким від крові.

La pelea se volvió más brutal con cada mordisco y embestida.
З кожним укусом і атакою бійка ставала все жорстокішою.

A su alrededor, sesenta perros silenciosos esperaban que cayera el primero.
Навколо них шістдесят мовчазних собак чекали, коли впаде перший.

Si un perro caía, la manada terminaría la pelea.
Якщо один собака впаде, зграя закінчить бійку.

Spitz vio que Buck se estaba debilitando y comenzó a presionar para atacar.
Шпітц побачив, що Бак слабшає, і почав продовжувати атаку.

Mantuvo a Buck fuera de equilibrio, obligándolo a luchar para mantener el equilibrio.
Він тримав Бака втраченою рівновагою, змушуючи його боротися за рівновагу.

Una vez Buck tropezó y cayó, y todos los perros se levantaron.
Одного разу Бак спіткнувся та впав, і всі собаки підвелися.

Pero Buck se enderezó a mitad de la caída y todos volvieron a caer.
Але Бак вирівнявся посеред падіння, і всі знову опустилися.

Buck tenía algo poco común: una imaginación nacida de un instinto profundo.
Бак мав щось рідкісне — уяву, народжену глибоким інстинктом.

Peleó con impulso natural, pero también peleó con astucia.
Він бився, керуючись природним поривом, але також бився з хитрістю.

Cargó de nuevo como si repitiera su truco de ataque con el hombro.

Він знову кинувся в атаку, ніби повторюючи свій трюк з атакою плечем.

Pero en el último segundo, se agachó y pasó por debajo de Spitz.

Але в останню секунду він низько опустився і пройшов під Шпіцем.

Sus dientes se clavaron en la pata delantera izquierda de Spitz con un chasquido.

Його зуби з тріском вчепилися в передню ліву ногу Шпіца.

Spitz ahora estaba inestable, con su peso sobre sólo tres patas.

Шпіц тепер стояв невпевнено, спираючись лише на три ноги.

Buck atacó de nuevo e intentó derribarlo tres veces.

Бак знову вдарив, тричі спробував збити його.

En el cuarto intento utilizó el mismo movimiento con éxito.

З четвертої спроби він успішно використав той самий прийом

Esta vez Buck logró morder la pata derecha de Spitz.

Цього разу Баку вдалося вкусити Шпіца за праву ногу.

Spitz, aunque lisiado y en agonía, siguió luchando por sobrevivir.

Шпіц, хоч і був покалічений та страждав, продовжував боротися за виживання.

Vio que el círculo de huskies se estrechaba, con las lenguas afuera y los ojos brillantes.

Він побачив, як коло хаскі стискається, висунувши язики, а очі сяють.

Esperaron para devorarlo, tal como habían hecho con los otros.

Вони чекали, щоб поглинути його, як це робили з іншими.

Esta vez, él estaba en el centro; derrotado y condenado.

Цього разу він стояв посередині; переможений і приречений.

Ya no había opción de escapar para el perro blanco.

Тепер у білого собаки не було жодного вибору втекти.

Buck no mostró piedad, porque la piedad no pertenecía a la naturaleza.

Бак не виявляв милосердя, бо милосердя не належало до дикої природи.

Buck se movió con cuidado, preparándose para la carga final.

Бак рухався обережно, готуючись до останньої атаки.

El círculo de perros esquimales se cerró; sintió sus respiraciones cálidas.

Коло хаскі зблизилося; він відчував їхнє тепле дихання.

Se agacharon, preparados para saltar cuando llegara el momento.

Вони низько присіли, готуючись стрибнути, коли настане слушний момент.

Spitz temblaba en la nieve, gruñendo y cambiando su postura.

Шпіц тремтів на снігу, гарчав і пересувався з місця.

Sus ojos brillaban, sus labios se curvaron y sus dientes brillaron en una amenaza desesperada.

Його очі палали, губи скривилися, зуби блищали у відчайдушній погрозі.

Se tambaleó, todavía intentando contener el frío mordisco de la muerte.

Він похитнувся, все ще намагаючись стримати холодний укус смерті.

Ya había visto esto antes, pero siempre desde el lado ganador.

Він бачив таке й раніше, але завжди з боку переможця.

Ahora estaba en el bando perdedor; el derrotado; la presa; la muerte.

Тепер він був на боці переможених; переможених; здобичі; смерті.

Buck voló en círculos para asestar el golpe final, mientras el círculo de perros se acercaba cada vez más.

Бак обійшов його, готовий завдати останнього удару, а кільце собак зблизилося.

Podía sentir sus respiraciones calientes; listas para matar.

Він відчував їхнє гаряче дихання; готові були вбити.

Se hizo un silencio absoluto, todo estaba en su lugar, el tiempo se había detenido.

Запанувала тиша; все стало на свої місця; час зупинився.

Incluso el aire frío entre ellos se congeló por un último momento.

Навіть холодне повітря між ними на останню мить замерзло.

Sólo Spitz se movió, intentando contener su amargo final.

Тільки Шпіц ворухнувся, намагаючись стримати свій гіркий кінець.

El círculo de perros se iba cerrando a su alrededor, tal como era su destino.

Коло собак звужувалося навколо нього, як і його доля.

Ahora estaba desesperado, sabiendo lo que estaba a punto de suceder.

Він був у відчаї, знаючи, що зараз станеться.

Buck saltó y hombro con hombro chocó una última vez.

Бак стрибнув уперед, востаннє торкнувшись плеча.

Los perros se lanzaron hacia adelante, cubriendo a Spitz en la oscuridad nevada.

Собаки кинулися вперед, прикриваючи Шпіца у сніжній темряві.

Buck observaba, erguido, vencedor en un mundo salvaje.

Бак спостерігав, стоячи високо; переможець у дикому світі.

La bestia primordial dominante había cometido su asesinato, y fue bueno.

Домінантний первісний звір здобув свою жертву, і це було добре.

Aquel que ha alcanzado la maestría
Той, Хто Досяг Майстерності

¿Eh? ¿Qué dije? Digo la verdad cuando digo que Buck es un demonio.

«Е? Що я такого сказав? Я маю рацію, коли кажу, що Бак — диявол».

François dijo esto a la mañana siguiente después de descubrir que Spitz había desaparecido.

Франсуа сказав це наступного ранку, після того як виявив, що Шпіц зник.

Buck permaneció allí, cubierto de heridas por la feroz pelea.

Бак стояв там, вкритий ранами від жорстокої бійки.

François acercó a Buck al fuego y señaló las heridas.

Франсуа підтягнув Бака до вогню та показав на поранення.

"Ese Spitz peleó como Devik", dijo Perrault, mirando los profundos cortes.

«Цей Шпіц бився, як Девік», — сказав Перро, розглядаючи глибокі рани.

—Y ese Buck peleó como dos demonios —respondió François inmediatamente.

«І той Бак бився, як два дияволи», — одразу відповів Франсуа.

"Ahora iremos a buen ritmo; no más Spitz, no más problemas".

«Тепер ми добре поспішимо; жодного Шпіца більше, жодних проблем».

Perrault estaba empacando el equipo y cargando el trineo con cuidado.

Перро пакував спорядження та обережно вантажив сани.

François enjaezó a los perros para prepararlos para la carrera del día.

Франсуа запряг собак, готуючись до денної пробіжки.

Buck trotó directamente a la posición de liderazgo que alguna vez ocupó Spitz.

Бак помчав прямо до лідируючої позиції, яку колись займав Шпітц.

Pero François, sin darse cuenta, condujo a Solleks hacia el frente.

Але Франсуа, не помічаючи цього, повів Соллекса вперед.

A juicio de François, Solleks era ahora el mejor perro guía.

На думку Франсуа, Соллекс тепер був найкращим собакою-поводирем.

Buck se abalanzó furioso sobre Solleks y lo hizo retroceder en protesta.

Бак розлючено кинувся на Соллекса та відштовхнув його назад на знак протесту.

Se situó en el mismo lugar que una vez estuvo Spitz, ocupando la posición de liderazgo.

Він стояв там, де колись стояв Шпіц, претендуючи на лідируючу позицію.

—¿Eh? ¿Eh? —gritó François, dándose palmadas en los muslos, divertido.

«Е? Еге?» — вигукнув Франсуа, весело ляскаючи себе по стегнах.

—Mira a Buck. Mató a Spitz y ahora quiere aceptar el trabajo.

«Подивись на Бака — він убив Шпіца, а тепер хоче зайняти цю роботу!»

—¡Vete, Chook! —gritó, intentando ahuyentar a Buck.

«Іди геть, Чуку!» — крикнув він, намагаючись прогнати Бака.

Pero Buck se negó a moverse y se mantuvo firme en la nieve.

Але Бак відмовився рухатися і твердо стояв на снігу.

François agarró a Buck por la nuca y lo arrastró a un lado.

Франсуа схопив Бака за шкірку й відтягнув його вбік.

Buck gruñó bajo y amenazante, pero no atacó.

Бак тихо та загрозливо гаркнув, але не атакував.

François puso a Solleks de nuevo en cabeza, intentando resolver la disputa.

Франсуа вивів Соллекса вперед, намагаючись врегулювати суперечку.

El perro viejo mostró miedo de Buck y no quería quedarse.

Старий собака виявляв страх перед Баком і не хотів залишатися.

Cuando François le dio la espalda, Buck expulsó nuevamente a Solleks.

Коли Франсуа повернувся спиною, Бак знову вигнав Соллекса.

Solleks no se resistió y se hizo a un lado silenciosamente una vez más.

Соллекс не чинив опору і знову тихо відійшов убік.

François se enojó y gritó: "¡Por Dios, te arreglo!"

Франсуа розсердився і закричав: «Боже мій, я тебе вилечу!»

Se acercó a Buck sosteniendo un pesado garrote en su mano.

Він підійшов до Бака, тримаючи в руці важку палицю.

Buck recordaba bien al hombre del suéter rojo.

Бак добре пам'ятав чоловіка в червоному светрі.

Se retiró lentamente, observando a François, pero gruñendo profundamente.

Він повільно відступив, спостерігаючи за Франсуа, але глибоко гарчачи.

No se apresuró a regresar, incluso cuando Solleks ocupó su lugar.

Він не поспішив назад, навіть коли Соллекс став на його місці.

Buck voló en círculos fuera de su alcance, gruñendo con furia y protesta.

Бак кружляв трохи поза межами досяжності, гарчачи від люті та протесту.

Mantuvo la vista fija en el palo, dispuesto a esquivarlo si François lanzaba.

Він не відводив очей від кийка, готовий ухилитися, якщо Франсуа кине.

Se había vuelto sabio y cauteloso en cuanto a las costumbres de los hombres con armas.

Він став мудрішим і обережнішим у поводженні з людьми зі зброєю.

François se dio por vencido y llamó a Buck nuevamente a su antiguo lugar.
Франсуа здався і знову покликав Бака на своє попереднє місце.
Pero Buck retrocedió con cautela, negándose a obedecer la orden.
Але Бак обережно відступив, відмовляючись виконувати наказ.
François lo siguió, pero Buck sólo retrocedió unos pasos más.
Франсуа пішов за ним, але Бак відступив лише на кілька кроків.
Después de un tiempo, François arrojó el arma al suelo, frustrado.
Через деякий час Франсуа у розпачі кинув зброю.
Pensó que Buck tenía miedo de que le dieran una paliza y que iba a venir sin hacer mucho ruido.
Він думав, що Бак боїться побиття і збирається прийти тихенько.
Pero Buck no estaba evitando el castigo: estaba luchando por su rango.
Але Бак не уникав покарання — він боровся за звання.
Se había ganado el puesto de perro líder mediante una pelea a muerte.
Він заслужив місце собаки-поводиря битвою до смерті
No iba a conformarse con nada menos que ser el líder.
він не збирався погоджуватися на менше, ніж бути лідером.

Perrault participó en la persecución para ayudar a atrapar al rebelde Buck.
Перро долучився до погоні, щоб допомогти спіймати непокірного Бака.
Juntos lo hicieron correr alrededor del campamento durante casi una hora.
Разом вони майже годину ганяли його по табору.
Le lanzaron garrotes, pero Buck los esquivó hábilmente.

Вони кидали в нього кийки, але Бак вміло ухилявся від кожної.
Lo maldijeron a él, a sus padres, a sus descendientes y a cada cabello que tenía.
Вони прокляли його, його предків, його нащадків і кожну волосину на ньому.
Pero Buck sólo gruñó y se quedó fuera de su alcance.
Але Бак лише гаркнув у відповідь і тримався поза їхньою досяжністю.
Nunca intentó huir, sino que rodeó el campamento deliberadamente.
Він ніколи не намагався втекти, а навмисно обходив табір.
Dejó claro que obedecería una vez que le dieran lo que quería.
Він чітко дав зрозуміти, що підкориться, як тільки вони дадуть йому те, що він хоче.
François finalmente se sentó y se rascó la cabeza con frustración.
Франсуа нарешті сів і роздратовано почухав голову.
Perrault miró su reloj, maldijo y murmuró algo sobre el tiempo perdido.
Перро глянув на годинник, вилаявся і пробурмотів щось про втрачений час.
Ya había pasado una hora cuando debían estar en el sendero.
Вже минула година з того часу, як вони мали бути на стежці.
François se encogió de hombros tímidamente y miró al mensajero, quien suspiró derrotado.
Франсуа сором'язливо знизав плечима, дивлячись на кур'єра, який зітхнув з поразкою.
Entonces François se acercó a Solleks y llamó a Buck una vez más.
Потім Франсуа підійшов до Соллекса і ще раз гукнув Бака.
Buck se rió como se ríe un perro, pero mantuvo una distancia cautelosa.
Бак реготав, як собака, але тримався на обережній дистанції.

François le quitó el arnés a Solleks y lo devolvió a su lugar.
Франсуа зняв із Соллекса шлейку та повернув його на місце.
El equipo de trineo estaba completamente arneses y solo había un lugar libre.
Санна була повністю запряжена, залишаючи лише одне вільне місце.
La posición de liderazgo quedó vacía, claramente destinada solo para Buck.
Лідерська позиція залишалася порожньою, явно призначеною лише для Бака.
François volvió a llamar, y nuevamente Buck rió y se mantuvo firme.
Франсуа знову гукнув, і Бак знову засміявся та встояв на своєму.
—Tira el garrote —ordenó Perrault sin dudarlo.
«Кинь кийок», — без вагань наказав Перро.
François obedeció y Buck inmediatamente trotó hacia adelante orgulloso.
Франсуа послухався, і Бак одразу ж гордо попрямував уперед.
Se rió triunfante y asumió la posición de líder.
Він переможно засміявся і зайняв лідируючу позицію.
François aseguró sus correajes y el trineo se soltó.
Франсуа закріпив свої сліди, і сани відірвались.
Ambos hombres corrieron al lado del equipo mientras corrían hacia el sendero del río.
Обидва чоловіки бігли поруч, коли команда мчала стежкою вздовж річки.
François tenía en alta estima a los "dos demonios" de Buck.
Франсуа мав високу думку про «двох дияволів» Бака
Pero pronto se dio cuenta de que en realidad había subestimado al perro.
але невдовзі він зрозумів, що насправді недооцінив собаку.
Buck asumió rápidamente el liderazgo y trabajó con excelencia.

Бак швидко взяв на себе лідерство та показав відмінні результати.
En juicio, pensamiento rápido y acción veloz, Buck superó a Spitz.
У кмітливості, швидкому мисленні та швидких діях Бак перевершив Шпітца.
François nunca había visto un perro igual al que Buck mostraba ahora.
Франсуа ніколи не бачив собаки, подібного до того, якого зараз демонстрував Бак.
Pero Buck realmente sobresalía en imponer el orden e imponer respeto.
Але Бак справді досяг успіху в забезпеченні порядку та викликанні поваги.
Dave y Solleks aceptaron el cambio sin preocupación ni protesta.
Дейв і Соллекс прийняли зміну без занепокоєння чи протестів.
Se concentraron únicamente en el trabajo y en tirar con fuerza de las riendas.
Вони зосередилися лише на роботі та наполегливо тримали віжки.
A ellos les importaba poco quién iba delante, siempre y cuando el trineo siguiera moviéndose.
Їм було байдуже, хто веде, головне, щоб сани рухалися.
Billee, la alegre, podría haber liderado todo lo que a ellos les importaba.
Біллі, життєрадісна, могла б повести за собою як завгодно.
Lo que les importaba era la paz y el orden en las filas.
Для них головним був мир і порядок у лавах.

El resto del equipo se había vuelto rebelde durante la decadencia de Spitz.
Решта команди стала неслухняною під час занепаду Шпіца.
Se sorprendieron cuando Buck inmediatamente los puso en orden.

Вони були шоковані, коли Бак одразу ж навів їх до ладу.
Pike siempre había sido perezoso y arrastraba los pies detrás de Buck.
Пайк завжди був лінивим і тягнувся за Баком.
Pero ahora el nuevo liderazgo lo ha disciplinado severamente.
Але тепер нове керівництво суворо його дисциплінувало.
Y rápidamente aprendió a aportar su granito de arena en el equipo.
І він швидко навчився брати на себе відповідальність у команді.
Al final del día, Pike trabajó más duro que nunca.
До кінця дня Пайк працював старанніше, ніж будь-коли раніше.
Esa noche en el campamento, Joe, el perro amargado, finalmente fue sometido.
Тієї ночі в таборі Джо, кислий пес, нарешті був приборканий.
Spitz no logró disciplinarlo, pero Buck no falló.
Шпіц не зміг його покарати, але Бак не підвів.
Utilizando su mayor peso, Buck superó a Joe en segundos.
Використовуючи свою більшу вагу, Бак за лічені секунди здолав Джо.
Mordió y golpeó a Joe hasta que gimió y dejó de resistirse.
Він кусав і бив Джо, доки той не заскиглив і не перестав чинити опір.
Todo el equipo mejoró a partir de ese momento.
З того моменту вся команда покращилася.
Los perros recuperaron su antigua unidad y disciplina.
Собаки повернули собі колишню єдність і дисципліну.
En Rink Rapids, se unieron dos nuevos huskies nativos, Teek y Koona.
У Рінк-Рапідс до нас приєдналися два нових місцевих хаскі, Тік та Куна.
El rápido entrenamiento que Buck les dio sorprendió incluso a François.
Швидке навчання Баком вразило навіть Франсуа.

"¡Nunca hubo un perro como ese Buck!" gritó con asombro.

«Ніколи не було такого собаки, як цей Бак!» — вигукнув він з подивом.

¡No, jamás! ¡Vale mil dólares, por Dios!

«Ні, ніколи! Він же вартий тисячі доларів, їй-богу!»

—¿Eh? ¿Qué dices, Perrault? —preguntó con orgullo.

«Га? Що ви скажете, Перро?» — спитав він з гордістю.

Perrault asintió en señal de acuerdo y revisó sus notas.

Перро кивнув на знак згоди та перевірив свої нотатки.

Ya vamos por delante del cronograma y ganamos más cada día.

Ми вже випереджаємо графік і з кожним днем набираємо обертів.

El sendero estaba duro y liso, sin nieve fresca.

Стежка була твердою та гладкою, без свіжого снігу.

El frío era constante, rondando los cincuenta grados bajo cero durante todo el tiempo.

Холод був стабільним, весь час тримаючись на позначці п'ятдесят градусів нижче нуля.

Los hombres cabalgaban y corrían por turnos para entrar en calor y ganar tiempo.

Чоловіки їхали та бігли по черзі, щоб зігрітися та виграти час.

Los perros corrían rápido, con pocas paradas y siempre avanzando.

Собаки бігли швидко, майже не зупиняючись, завжди штовхаючись уперед.

El río Thirty Mile estaba casi congelado y era fácil cruzarlo.

Річка Тридцять-Майл була здебільшого замерзла і її було легко перетнути.

Salieron en un día lo que habían tardado diez días en llegar.

Вони вийшли за один день, на прибуття яких знадобилося десять днів.

Hicieron una carrera de sesenta millas desde el lago Le Barge hasta White Horse.

Вони здійснили шістдесятимильний ривок від озера Ле-Барж до Білого Коня.

A través de los lagos Marsh, Tagish y Bennett se movieron increíblemente rápido.
Через озера Марш, Тагіш та Беннетт вони рухалися неймовірно швидко.
El hombre corriendo remolcado detrás del trineo por una cuerda.
Бігун тягнув за санками мотузку.
En la última noche de la segunda semana llegaron a su destino.
В останню ніч другого тижня вони дісталися до місця призначення.
Habían llegado juntos a la cima del Paso Blanco.
Вони разом досягли вершини Білого перевалу.
Descendieron al nivel del mar con las luces de Skaguay debajo de ellos.
Вони спустилися до рівня моря, а вогні Скагуея були під ними.
Había sido una carrera que estableció un récord a través de kilómetros de desierto frío.
Це був рекордний пробіг через багатокілометрову холодну пустелю.
Durante catorce días seguidos, recorrieron un promedio de cuarenta millas.
Протягом чотирнадцяти днів поспіль вони в середньому долали сорок миль.
En Skaguay, Perrault y François transportaban mercancías por la ciudad.
У Скагуеї Перро та Франсуа перевозили вантажі через місто.
Fueron aplaudidos y la multitud admirada les ofreció muchas bebidas.
Захоплені натовпи вітали їх оплесками та пропонували багато напоїв.
Los cazadores de perros y los trabajadores se reunieron alrededor del famoso equipo de perros.
Щуни-собаки та працівники зібралися навколо відомої собачої упряжки.

Luego, los forajidos del oeste llegaron a la ciudad y sufrieron una derrota violenta.
Потім до міста прийшли західні злочинці та зазнали жорстокої поразки.

La gente pronto se olvidó del equipo y se centró en un nuevo drama.
Люди швидко забули про команду та зосередилися на новій драмі.

Luego vinieron las nuevas órdenes que cambiaron todo de golpe.
Потім з'явилися нові накази, які одразу все змінили.

François llamó a Buck y lo abrazó con orgullo entre lágrimas.
Франсуа покликав Бака до себе та обійняв його зі сльозами на очах.

Ese momento fue la última vez que Buck volvió a ver a François.
Того моменту Бак востаннє бачив Франсуа.

Como muchos hombres antes, tanto François como Perrault se habían ido.
Як і багато чоловіків до цього, і Франсуа, і Перро вже не було в живих.

Un mestizo escocés se hizo cargo de Buck y sus compañeros de equipo de perros de trineo.
Шотландський метис взяв на себе відповідальність за Бака та його товаришів по команді їздових собак.

Con una docena de otros equipos de perros, regresaron por el sendero hasta Dawson.
З десятком інших собачих упряжок вони повернулися стежкою до Доусона.

Ya no era una carrera rápida, solo un trabajo duro con una carga pesada cada día.
Це вже не був швидкий біг — лише важка праця з важким вантажем щодня.

Éste era el tren correo que llevaba noticias a los buscadores de oro cerca del Polo.
Це був поштовий поїзд, який віз звістки мисливцям за золотом поблизу полюса.

A Buck no le gustaba el trabajo, pero lo soportaba bien y se enorgullecía de su esfuerzo.
Баку не подобалася ця робота, але він добре її зносив, пишаючись своїми зусиллями.

Al igual que Dave y Solleks, Buck mostró devoción por cada tarea diaria.
Як і Дейв і Соллекс, Бак виявляв відданість кожному щоденному завданню.

Se aseguró de que cada uno de sus compañeros hiciera su parte.
Він подбав про те, щоб кожен з його товаришів по команді зробив свою справу.

La vida en el sendero se volvió aburrida, repetida con la precisión de una máquina.
Життя на стежці стало нудним, повторюваним з точністю машини.

Cada día parecía igual, una mañana se fundía con la siguiente.
Кожен день був однаковим, один ранок зливався з наступним.

A la misma hora, los cocineros se levantaron para hacer fogatas y preparar la comida.
Тієї ж години кухарі встали, щоб розпалити багаття та приготувати їжу.

Después del desayuno, algunos abandonaron el campamento mientras otros enjaezaron los perros.
Після сніданку дехто покинув табір, а інші запрягли собак.

Se pusieron en marcha antes de que la tenue señal del amanecer tocara el cielo.
Вони вийшли на стежку ще до того, як небо торкнулося тьмяних променів світанку.

Por la noche se detenían para acampar, cada hombre con una tarea determinada.
Вночі вони зупинялися, щоб розбити табір, кожен чоловік мав свій обов'язок.

Algunos montaron tiendas de campaña, otros cortaron leña y recogieron ramas de pino.

Дехто розбивав намети, інші рубали дрова та збирали соснове гілля.
Se llevaba agua o hielo a los cocineros para la cena.
На вечерю кухарям несли воду або лід.
Los perros fueron alimentados y esta fue la mejor parte del día para ellos.
Собак нагодували, і це була для них найкраща частина дня.
Después de comer pescado, los perros se relajaron y descansaron cerca del fuego.
Після того, як собаки поїли риби, вони розслабилися та відпочили біля вогнища.
Había otros cien perros en el convoy con los que mezclarse.
У колоні було ще близько сотні собак, з якими можна було спілкуватися.
Muchos de esos perros eran feroces y rápidos para pelear sin previo aviso.
Багато з цих собак були лютими та швидко билися без попередження.
Pero después de tres victorias, Buck dominó incluso a los luchadores más feroces.
Але після трьох перемог Бак опанував навіть найзапекліших бійців.
Cuando Buck gruñó y mostró los dientes, se hicieron a un lado.
Тепер, коли Бак загарчав і показав зуби, вони відступили вбік.
Quizás lo mejor de todo es que a Buck le encantaba tumbarse cerca de la fogata parpadeante.
Мабуть, найбільше Бак любив лежати біля мерехтливого багаття.
Se agachó con las patas traseras dobladas y las patas delanteras estiradas hacia adelante.
Він присів, підібгавши задні лапи та витягнувши передні вперед.
Levantó la cabeza mientras parpadeaba suavemente ante las llamas brillantes.

Він підняв голову, ледь помітно кліпаючи очима на сяюче полум'я.
A veces recordaba la gran casa del juez Miller en Santa Clara.
Іноді він згадував великий будинок судді Міллера в Санта-Кларі.
Pensó en la piscina de cemento, en Ysabel y en el pug llamado Toots.
Він подумав про цементний басейн, про Ізабель та мопса на ім'я Тутс.
Pero más a menudo recordaba el garrote del hombre del suéter rojo.
Але частіше він згадував чоловіка з кийком у червоному светрі.
Recordó la muerte de Curly y su feroz batalla con Spitz.
Він згадав смерть Кучерява та його запеклу битву зі Шпіцем.
También recordó la buena comida que había comido o con la que aún soñaba.
Він також згадував смачну їжу, яку їв або про яку досі мріяв.
Buck no sentía nostalgia: el cálido valle era distante e irreal.
Бак не сумував за домівкою — тепла долина була далекою та нереальною.
Los recuerdos de California ya no ejercían ninguna atracción sobre él.
Спогади про Каліфорнію більше не мали на нього жодного справжнього впливу.
Más fuertes que la memoria eran los instintos profundos en su linaje.
Сильнішими за пам'ять були інстинкти, глибоко закладені в його крові.
Los hábitos que una vez se habían perdido habían regresado, revividos por el camino y la naturaleza.
Колись втрачені звички повернулися, відроджені стежкою та дикою природою.

Mientras Buck observaba la luz del fuego, a veces se convertía en otra cosa.
Коли Бак спостерігав за світлом вогню, воно часом ставало чимось іншим.
Vio a la luz del fuego otro fuego, más antiguo y más profundo que el actual.
У світлі каміна він побачив інше вогнище, старше та глибше за теперішнє.
Junto a ese otro fuego se agazapaba un hombre que no se parecía en nada al cocinero mestizo.
Біля того іншого вогню причаївся чоловік, несхожий на кухаря-метиса.
Esta figura tenía piernas cortas, brazos largos y músculos duros y anudados.
Ця фігура мала короткі ноги, довгі руки та тверді, вузлуваті м'язи.
Su cabello era largo y enmarañado, y caía hacia atrás desde los ojos.
Його волосся було довге й скуйовджене, воно спадало назад від очей.
Hizo ruidos extraños y miró con miedo hacia la oscuridad.
Він видавав дивні звуки та з переляком дивився на темряву.
Sostenía agachado un garrote de piedra, firmemente agarrado con su mano larga y áspera.
Він низько тримав кам'яну палицю, міцно затиснуту в довгій шорсткій руці.
El hombre vestía poco: sólo una piel carbonizada que le colgaba por la espalda.
Чоловік був майже не одягнений; лише обвуглена шкіра, що звисала з його спини.
Su cuerpo estaba cubierto de espeso vello en los brazos, el pecho y los muslos.
Його тіло було вкрите густим волоссям на руках, грудях і стегнах.
Algunas partes del cabello estaban enredadas en parches de pelaje áspero.

Деякі частини волосся були переплутані в клапті грубого хутра.
No se mantenía erguido, sino inclinado hacia delante desde las caderas hasta las rodillas.
Він не стояв прямо, а нахилився вперед від стегон до колін.
Sus pasos eran elásticos y felinos, como si estuviera siempre dispuesto a saltar.
Його кроки були пружними та котячими, ніби завжди готові стрибнути.
Había un estado de alerta agudo, como si viviera con miedo constante.
Була якась різка пильність, ніби він жив у постійному страху.
Este hombre anciano parecía esperar el peligro, ya sea que lo viera o no.
Здавалося, що цей стародавній чоловік очікував небезпеки, незалежно від того, чи бачила вона небезпеку, чи ні.
A veces, el hombre peludo dormía junto al fuego, con la cabeza metida entre las piernas.
Часом волохатий чоловік спав біля вогню, засунувши голову між ніг.
Sus codos descansaban sobre sus rodillas, sus manos entrelazadas sobre su cabeza.
Його лікті лежали на колінах, руки були схрещені над головою.
Como un perro, usó sus brazos peludos para protegerse de la lluvia que caía.
Як собака, він використовував свої волохаті руки, щоб скидати з себе дощ, що падав.
Más allá de la luz del fuego, Buck vio dos brasas brillando en la oscuridad.
За світлом вогню Бак побачив, як у темряві сяють два вугілля.
Siempre de dos en dos, eran los ojos de las bestias rapaces al acecho.
Завжди по двоє, вони були очима хижих звірів, що переслідували їх.

Escuchó cuerpos chocando contra la maleza y ruidos en la noche.
Він чув, як тіла провалюються крізь кущі, та звуки, що доносилися вночі.
Acostado en la orilla del Yukón, parpadeando, Buck soñaba junto al fuego.
Лежачи на березі Юкону, кліпаючи очима, Бак мріяв біля вогнища.
Las vistas y los sonidos de ese mundo salvaje le ponían los pelos de punta.
Від видовища та звуків цього дикого світу його волосся стало дибки.
El pelaje se le subió por la espalda, los hombros y el cuello.
Хутро стало дибки по його спині, плечах і шиї.
Él gimió suavemente o emitió un gruñido bajo y profundo en su pecho.
Він тихо скиглив або глибоко в грудях тихо гарчав.
Entonces el cocinero mestizo gritó: "¡Oye, Buck, despierta!"
Тоді кухар-метис крикнув: «Гей, Баку, прокидайся!»
El mundo de los sueños desapareció y la vida real regresó a los ojos de Buck.
Світ мрій зник, і реальне життя повернулося в очі Бака.
Iba a levantarse, estirarse y bostezar, como si acabara de despertar de una siesta.
Він збирався встати, потягнутися та позіхнути, ніби прокинувся від дрімоти.
El viaje fue duro, con el trineo del correo arrastrándose detrás de ellos.
Подорож була важкою, поштові сани тягнулися за ними.
Las cargas pesadas y el trabajo duro agotaban a los perros cada largo día.
Важкі вантажі та важка робота виснажували собак кожного довгого дня.
Llegaron a Dawson delgados, cansados y necesitando más de una semana de descanso.
Вони дісталися до Доусона виснаженими, втомленими та потребуючи відпочинку понад тиждень.

Pero sólo dos días después, emprendieron nuevamente el descenso por el Yukón.

Але лише через два дні вони знову вирушили вниз по Юкону.

Estaban cargados con más cartas destinadas al mundo exterior.

Вони були навантажені ще більшою кількістю листів, що прямували до зовнішнього світу.

Los perros estaban exhaustos y los hombres se quejaban constantemente.

Собаки були виснажені, а чоловіки постійно скаржилися.

La nieve caía todos los días, suavizando el camino y ralentizando los trineos.

Сніг падав щодня, розм'якшуючи стежку та уповільнюючи рух санок.

Esto provocó que el tirón fuera más difícil y hubo más resistencia para los corredores.

Це призвело до важчого тягнення та більшого опору бігунам.

A pesar de eso, los pilotos fueron justos y se preocuparon por sus equipos.

Незважаючи на це, водії були справедливими та піклувалися про свої команди.

Cada noche, los perros eran alimentados antes de que los hombres pudieran comer.

Щовечора собак годували, перш ніж чоловіки могли їсти.

Ningún hombre duerme sin antes revisar las patas de su propio perro.

Жоден чоловік не спав, не перевіривши ноги власного собаки.

Aún así, los perros se fueron debilitando a medida que los kilómetros iban desgastando sus cuerpos.

Однак, собаки слабшали, оскільки кілометри зношували їхні тіла.

Habían viajado mil ochocientas millas durante el invierno.

За зиму вони подолали вісімсот миль.

Tiraron de trineos a lo largo de cada milla de esa brutal distancia.
Вони тягнули сани кожну милю цієї жорстокої відстані.
Incluso los perros de trineo más resistentes sienten tensión después de tantos kilómetros.
Навіть найвитриваліші їздові собаки відчувають напругу після стількох миль.
Buck aguantó, mantuvo a su equipo trabajando y mantuvo la disciplina.
Бак тримався, підтримував роботу своєї команди та дисципліну.
Pero Buck estaba cansado, al igual que los demás en el largo viaje.
Але Бак був втомлений, як і інші під час довгої подорожі.
Billee gemía y lloraba mientras dormía todas las noches sin falta.
Біллі щоночі без перерви скиглив і плакав уві сні.
Joe se volvió aún más amargado y Solleks se mantuvo frío y distante.
Джо ще більше озлобився, а Соллекс залишався холодним і відстороненим.
Pero fue Dave quien sufrió más de todo el equipo.
Але саме Дейв постраждав найбільше з усієї команди.
Algo había ido mal dentro de él, aunque nadie sabía qué.
Щось у ньому пішло не так, хоча ніхто не знав що саме.
Se volvió más malhumorado y les gritaba a los demás con creciente enojo.
Він ставав похмурішим і з дедалі більшим гнівом огризався на інших.
Cada noche iba directo a su nido, esperando ser alimentado.
Щоночі він ішов прямо до свого гнізда, чекаючи, поки його нагодують.
Una vez que cayó, Dave no se levantó hasta la mañana.
Як тільки він спустився, Дейв не вставав до ранку.
En las riendas, tirones o arranques repentinos le hacían gritar de dolor.

Різкі ривки чи здригання на віжах змушували його кричати від болю.
Su conductor buscó la causa, pero no encontró heridos.
Його водій з'ясував причину, але не виявив у нього жодних травм.
Todos los conductores comenzaron a observar a Dave y discutieron su caso.
Усі водії почали спостерігати за Дейвом та обговорювати його справу.
Hablaron durante las comidas y durante el último cigarrillo del día.
Вони розмовляли за їжею та під час останньої сигарети за день.
Una noche tuvieron una reunión y llevaron a Dave al fuego.
Одного вечора вони провели зустріч і привели Дейва до багаття.
Le apretaron y le palparon el cuerpo, y él gritaba a menudo.
Вони тиснули та торкалися його тіла, і він часто кричав.
Estaba claro que algo iba mal, aunque no parecía haber ningún hueso roto.
Очевидно, щось було не так, хоча, здавалося, жодної кістки не було зламано.
Cuando llegaron a Cassiar Bar, Dave se estaba cayendo.
Коли вони дісталися до бару «Кассіар», Дейв уже падав.
El mestizo escocés pidió un alto y eliminó a Dave del equipo.
Шотландський метис оголосив зупинку та виключив Дейва з команди.
Sujetó a Solleks en el lugar de Dave, más cerca del frente del trineo.
Він прикріпив Соллекс на місці Дейва, найближче до передньої частини саней.
Su intención era dejar que Dave descansara y corriera libremente detrás del trineo en movimiento.
Він мав намір дати Дейву відпочити та вільно бігати за санками, що рухалися.

Pero incluso estando enfermo, Dave odiaba que lo sacaran del trabajo que había tenido.
Але навіть хворий, Дейв ненавидів, коли його забирали з роботи, яку він мав.
Gruñó y gimió cuando le quitaron las riendas del cuerpo.
Він загарчав і заскиглив, коли з його тіла зняли віжки.
Cuando vio a Solleks en su lugar, lloró con el corazón roto.
Коли він побачив Соллекса на своєму місці, то заплакав від розбитого серця болю.
El orgullo por el trabajo en los senderos estaba profundamente arraigado en Dave, incluso cuando se acercaba la muerte.
Гордість за роботу на стежках глибоко відчувалася в Дейві, навіть коли наближалася смерть.
Mientras el trineo se movía, Dave se tambaleaba sobre la nieve blanda cerca del sendero.
Коли сани рухалися, Дейв торкався м'якого снігу біля стежки.
Atacó a Solleks, mordiéndolo y empujándolo desde el costado del trineo.
Він напав на Соллекса, кусаючи та штовхаючи його з боку саней.
Dave intentó saltar al arnés y recuperar su lugar de trabajo.
Дейв спробував застрибнути в ремінь безпеки та повернути собі робоче місце.
Gritó, se quejó y lloró, dividido entre el dolor y el orgullo por el trabajo.
Він верещав, скиглив і плакав, розриваючись між болем і гордістю за працю.
El mestizo usó su látigo para intentar alejar a Dave del equipo.
Метис спробував своїм батогом відігнати Дейва від команди.
Pero Dave ignoró el látigo y el hombre no pudo golpearlo más fuerte.
Але Дейв проігнорував удар батогом, і чоловік не зміг вдарити його сильніше.

Dave rechazó el camino más fácil detrás del trineo, donde la nieve estaba acumulada.
Дейв відмовився від легшого шляху за санками, де був утрамбований сніг.
En cambio, luchaba en la nieve profunda junto al sendero, en la miseria.
Натомість він мучився у глибокому снігу біля стежки, страждаючи.
Finalmente, Dave se desplomó, quedó tendido en la nieve y aullando de dolor.
Зрештою, Дейв знепритомнів, лежачи на снігу та виючи від болю.
Gritó cuando el largo tren de trineos pasó a su lado uno por uno.
Він скрикнув, коли довгий шлейф саней одна за одною проїжджав повз нього.
Aún con las fuerzas que le quedaban, se levantó y tropezó tras ellos.
І все ж, з останніми силами, він підвівся і, спотикаючись, пішов за ними.
Lo alcanzó cuando el tren se detuvo nuevamente y encontró su viejo trineo.
Він наздогнав, коли поїзд знову зупинився, і знайшов свої старі сани.
Pasó junto a los otros equipos y se quedó de nuevo al lado de Solleks.
Він пройшов повз інші команди та знову став поруч із Соллексом.
Cuando el conductor se detuvo para encender su pipa, Dave aprovechó su última oportunidad.
Коли водій зупинився, щоб закурити люльку, Дейв скористався останньою нагодою.
Cuando el conductor regresó y gritó, el equipo no avanzó.
Коли водій повернувся та крикнув, команда не рушила вперед.
Los perros habían girado la cabeza, confundidos por la parada repentina.

Собаки повернули голови, збентежені раптовою зупинкою.

El conductor también estaba sorprendido: el trineo no se había movido ni un centímetro hacia adelante.

Візник теж був шокований — сани не просунулися вперед ні на дюйм.

Llamó a los demás para que vinieran a ver qué había sucedido.

Він покликав інших, щоб ті підійшли та подивилися, що сталося.

Dave había mordido las riendas de Solleks, rompiéndolas ambas.

Дейв перегриз віжки Соллекса, розламавши обидві навпіл.

Ahora estaba de pie frente al trineo, nuevamente en su posición correcta.

Тепер він стояв перед санками, знову на своєму законному місці.

Dave miró al conductor y le rogó en silencio que se mantuviera en el carril.

Дейв подивився на водія, мовчки благаючи його не збитися з колії.

El conductor estaba desconcertado, sin saber qué hacer con el perro que luchaba.

Водій був спантеличений, не знаючи, що робити з собакою, яка боролася.

Los otros hombres hablaron de perros que habían muerto al ser sacados a la calle.

Інші чоловіки говорили про собак, яких вивели на вулицю.

Contaron sobre perros viejos o heridos cuyo corazón se rompió al ser abandonados.

Вони розповідали про старих або поранених собак, чиї серця розривалися, коли їх залишали без діла.

Estuvieron de acuerdo en que era una misericordia dejar que Dave muriera mientras aún estaba en su arnés.

Вони погодилися, що це милосердя — дозволити Дейву померти, поки він ще був у своїй упряжі.

Lo volvieron a sujetar al trineo y Dave tiró con orgullo.

Його знову прив'язали до саней, і Дейв гордо тягнув.
Aunque a veces gritaba, trabajaba como si el dolor pudiera ignorarse.
Хоча він часом і кричав, він працював так, ніби біль можна було ігнорувати.
Más de una vez se cayó y fue arrastrado antes de levantarse de nuevo.
Не раз він падав і його тягли, перш ніж знову піднятися.
Un día, el trineo pasó por encima de él y desde ese momento empezó a cojear.
Одного разу сани перекинулися через нього, і з того моменту він шкутильгав.
Aún así, trabajó hasta llegar al campamento y luego se acostó junto al fuego.
Однак він працював, доки не дістався табору, а потім ліг біля багаття.
Por la mañana, Dave estaba demasiado débil para viajar o incluso mantenerse en pie.
До ранку Дейв був надто слабкий, щоб їхати чи навіть стояти прямо.
En el momento de preparar el arnés, intentó alcanzar a su conductor con un esfuerzo tembloroso.
Коли час був застібатися, він тремтячим зусиллям спробував дотягнутися до свого візника.
Se obligó a levantarse, se tambaleó y se desplomó sobre el suelo nevado.
Він з силою підвівся, захитався і впав на засніжену землю.
Utilizando sus patas delanteras, arrastró su cuerpo hacia el área del arnés.
Використовуючи передні лапи, він потягнув своє тіло до місця для кріплення.
Avanzó poco a poco, centímetro a centímetro, hacia los perros de trabajo.
Він посувався вперед, дюйм за дюймом, до робочих собак.
Sus fuerzas se acabaron, pero siguió avanzando en su último y desesperado esfuerzo.

Його сили покинули, але він продовжував рухатися у своєму останньому відчайдушному поштовху.

Sus compañeros de equipo lo vieron jadeando en la nieve, todavía deseando unirse a ellos.

Його товариші по команді бачили, як він задихався на снігу, все ще прагнучи приєднатися до них.

Lo oyeron aullar de dolor mientras dejaban atrás el campamento.

Вони чули, як він горько виє, коли залишали табір.

Cuando el equipo desapareció entre los árboles, el grito de Dave resonó detrás de ellos.

Коли команда зникла за деревами, крик Дейва луною пролунав позаду них.

El tren de trineos se detuvo brevemente después de cruzar un tramo de bosque junto al río.

Санний поїзд ненадовго зупинився після перетину ділянки річкового лісу.

El mestizo escocés caminó lentamente de regreso hacia el campamento que estaba detrás.

Шотландський метис повільно повертався до табору позаду.

Los hombres dejaron de hablar cuando lo vieron salir del tren de trineos.

Чоловіки замовкли, побачивши, як він виходить із саней.

Entonces un único disparo se oyó claro y nítido en el camino.

Потім чітко та різко пролунав один постріл по стежці.

El hombre regresó rápidamente y ocupó su lugar sin decir palabra.

Чоловік швидко повернувся і без жодного слова зайняв своє місце.

Los látigos crujieron, las campanas tintinearon y los trineos rodaron por la nieve.

Клацнули батоги, задзвеніли дзвіночки, а сани покотилися по снігу.

Pero Buck sabía lo que había sucedido... y todos los demás perros también.

Але Бак знав, що сталося, — як і всі інші собаки.

El trabajo de las riendas y el sendero
Праця віжок і стежки

Treinta días después de salir de Dawson, el Salt Water Mail llegó a Skaguay.
Через тридцять днів після відпливу з Доусона пошта «Солоної води» прибула до Скагуея.
Buck y sus compañeros tomaron la delantera, llegando en lamentables condiciones.
Бак та його товариші по команді вийшли вперед, прибувши на трасу в жалюгідному стані.
Buck había bajado de ciento cuarenta a ciento quince libras.
Бак схуд зі ста сорока до ста п'ятнадцяти фунтів.
Los otros perros, aunque más pequeños, habían perdido aún más peso corporal.
Інші собаки, хоча й менші, втратили ще більше ваги тіла.
Pike, que antes fingía cojear, ahora arrastraba tras él una pierna realmente herida.
Пайк, колись удаваний кульгавець, тепер тягнув за собою справді травмовану ногу.
Solleks cojeaba mucho y Dub tenía un omóplato torcido.
Соллекс сильно кульгав, а в Дуба було вивихнуто лопатку.
Todos los perros del equipo tenían las patas doloridas por las semanas que pasaron en el sendero helado.
У кожного собаки в упряжці ноги боліли від тижнів, проведених на замерзлій стежці.
Ya no tenían resorte en sus pasos, sólo un movimiento lento y arrastrado.
У їхніх кроках не залишилося жодної пружності, лише повільний, тягнучий рух.
Sus pies golpeaban el sendero con fuerza y cada paso añadía más tensión a sus cuerpos.
Їхні ноги важко вдарялися об стежку, кожен крок додавав більше навантаження на їхні тіла.
No estaban enfermos, sólo agotados más allá de toda recuperación natural.

Вони не були хворі, лише виснажені до межі будь-якого природного одужання.

No era el cansancio de un día duro que se curaba con una noche de descanso.

Це не була втома від одного важкого дня, яку можна було вилікувати нічним відпочинком.

Fue un agotamiento acumulado lentamente a lo largo de meses de esfuerzo agotador.

Це було виснаження, що повільно наростало місяцями виснажливих зусиль.

No quedaban reservas de fuerza: habían agotado todas las que tenían.

Резервних сил не залишилося — вони використали все, що мали.

Cada músculo, fibra y célula de sus cuerpos estaba gastado y desgastado.

Кожен м'яз, волокно та клітина в їхніх тілах були виснажені та зношені.

Y había una razón: habían recorrido dos mil quinientas millas.

І на те була причина — вони подолали дві з половиною тисячі миль.

Habían descansado sólo cinco días durante las últimas mil ochocientas millas.

Вони відпочивали лише п'ять днів протягом останніх вісімнадцятисот миль.

Cuando llegaron a Skaguay, parecían apenas capaces de mantenerse en pie.

Коли вони дісталися до Скагуея, то виглядали так, ніби ледве могли триматися на ногах.

Se esforzaron por mantener las riendas tensas y permanecer delante del trineo.

Їм було важко тримати віжки міцно та залишатися попереду саней.

En las bajadas sólo lograron evitar ser atropellados.

На схилах вниз їм лише вдавалося уникнути наїзду.

"Sigan adelante, pobres pies doloridos", dijo el conductor mientras cojeaban.

«Вперед, бідні хворі ніжки», — сказав водій, коли вони шкутильгали.

"Este es el último tramo, luego todos tendremos un largo descanso, seguro".

«Це останній відрізок, а потім ми всі точно зробимо один довгий відпочинок».

"Un descanso verdaderamente largo", prometió mientras los observaba tambalearse hacia adelante.

«Один справді довгий відпочинок», — пообіцяв він, спостерігаючи, як вони хитаються вперед.

Los conductores esperaban que ahora tuvieran un descanso largo y necesario.

Водії очікували, що тепер у них буде довга та необхідна перерва.

Habían recorrido mil doscientas millas con sólo dos días de descanso.

Вони подолали тисячу двісті миль, маючи лише два дні відпочинку.

Por justicia y razón, sintieron que se habían ganado tiempo para relajarse.

Справедливості заради та розуму, вони вважали, що заслужили час на відпочинок.

Pero eran demasiados los que habían llegado al Klondike y muy pocos los que se habían quedado en casa.

Але забагато людей прибуло до Клондайку, і замало тих, хто залишився вдома.

Las cartas de las familias llegaron en masa, creando montañas de correo retrasado.

Листи від родин посипалися потоком, утворюючи купи затриманої пошти.

Llegaron órdenes oficiales: nuevos perros de la Bahía de Hudson tomarían el control.

Надійшов офіційний наказ — нові собаки з Гудзонової затоки мали зайняти місце.

Los perros exhaustos, ahora llamados inútiles, debían ser eliminados.

Виснажених собак, яких тепер вважали нікчемними, мали позбутися.

Como el dinero importaba más que los perros, los iban a vender a bajo precio.

Оскільки гроші мали більше значення, ніж собак, їх збиралися продавати дешево.

Pasaron tres días más antes de que los perros sintieran lo débiles que estaban.

Минуло ще три дні, перш ніж собаки відчули, наскільки вони слабкі.

En la cuarta mañana, dos hombres de Estados Unidos compraron todo el equipo.

На четвертий ранок двоє чоловіків зі Штатів купили всю команду.

La venta incluía todos los perros, además de sus arneses usados.

У продаж входили всі собаки, а також їхня зношена шлейка.

Los hombres se llamaban entre sí "Hal" y "Charles" mientras completaban el trato.

Завершуючи угоду, чоловіки називали один одного «Гал» і «Чарльз».

Charles era un hombre de mediana edad, pálido, con labios flácidos y puntas de bigote feroces.

Чарльз був середнього віку, блідий, з млявими губами та різкими кінчиками вусів.

Hal era un hombre joven, de unos diecinueve años, que llevaba un cinturón lleno de cartuchos.

Гел був молодим чоловіком, можливо, дев'ятнадцяти років, на поясі з патронами.

El cinturón contenía un gran revólver y un cuchillo de caza, ambos sin usar.

На поясі лежали великий револьвер і мисливський ніж, обидва невикористані.

Esto demostró lo inexperto e inadecuado que era para la vida en el norte.
Це показувало, наскільки він був недосвідчений і непридатний для північного життя.

Ninguno de los dos pertenecía a la naturaleza; su presencia desafiaba toda razón.
Жоден з них не мав права жити в дикій природі; їхня присутність кидала виклик будь-якому розумному глузду.

Buck observó cómo el dinero intercambiaba manos entre el comprador y el agente.
Бак спостерігав, як покупець та агент обмінювалися грошима.

Sabía que los conductores de trenes correos abandonaban su vida como el resto.
Він знав, що машиністи поштових поїздів залишають його життя, як і всі інші.

Siguieron a Perrault y a François, ahora desaparecidos sin posibilidad de recuperación.
Вони йшли за Перро та Франсуа, яких уже не було в пам'яті.

Buck y el equipo fueron conducidos al descuidado campamento de sus nuevos dueños.
Бака та команду відвели до неохайного табору їхніх нових власників.

La tienda se hundía, los platos estaban sucios y todo estaba desordenado.
Намет прогинався, посуд був брудний, і все лежало в безладді.

Buck también notó que había una mujer allí: Mercedes, la esposa de Charles y hermana de Hal.
Бак помітив там і жінку — Мерседес, дружину Чарльза та сестру Гела.

Formaban una familia completa, aunque no eran aptos para el recorrido.
Вони були повноцінною родиною, хоча й далеко не підходили для цієї стежки.

Buck observó nervioso cómo el trío comenzó a empacar los suministros.

Бак нервово спостерігав, як трійця почала пакувати припаси.

Trabajaron duro, pero sin orden: sólo alboroto y esfuerzos desperdiciados.

Вони наполегливо працювали, але без порядку — лише метушня та марні зусилля.

La tienda estaba enrollada hasta formar un volumen demasiado grande para el trineo.

Намет згорнувся у громіздку форму, занадто великий для саней.

Los platos sucios se empaquetaron sin limpiarlos ni secarlos.

Брудний посуд був упакований, зовсім не помитий і не висушений.

Mercedes revoloteaba por todos lados, hablando, corrigiendo y entrometiéndose constantemente.

Мерседес пурхала навколо, безперервно розмовляючи, виправляючи та втручаючись.

Cuando le ponían un saco en el frente, ella insistía en que lo pusieran en la parte de atrás.

Коли мішок поклали спереду, вона наполягла, щоб його поклали ззаду.

Metió la bolsa en el fondo y al siguiente momento la necesitó.

Вона сховала мішок на дно, і наступної миті він їй знадобився.

De esta manera, el trineo fue desempaquetado nuevamente para alcanzar la bolsa específica.

Тож сани знову розпакували, щоб дістатися до однієї конкретної сумки.

Cerca de allí, tres hombres estaban parados afuera de una tienda de campaña, observando cómo se desarrollaba la escena.

Неподалік троє чоловіків стояли біля намету, спостерігаючи за тим, що розгорталося.

Sonrieron, guiñaron el ojo y sonrieron ante la evidente confusión de los recién llegados.
Вони посміхалися, підморгували та щиро всміхалися, бачачи очевидне збентеження новачків.

"Ya tienes una carga bastante pesada", dijo uno de los hombres.
«У тебе вже й так досить важкий вантаж», — сказав один із чоловіків.

"No creo que debas llevar esa tienda de campaña, pero es tu elección".
«Я не думаю, що тобі варто нести цей намет, але це твій вибір».

"¡Inimaginable!", exclamó Mercedes levantando las manos con desesperación.
«Неймовірно!» — вигукнула Мерседес, у відчаї змахнувши руками.

"¿Cómo podría viajar sin una tienda de campaña donde refugiarme?"
«Як я взагалі можу подорожувати без намету, під яким можна було б переночувати?»

"Es primavera, ya no volverás a ver el frío", respondió el hombre.
«Весна — більше ти не побачиш холодів», — відповів чоловік.

Pero ella meneó la cabeza y ellos siguieron apilando objetos en el trineo.
Але вона похитала головою, а вони продовжували складати речі на сани.

La carga se elevó peligrosamente a medida que añadían los últimos elementos.
Вантаж небезпечно піднімався високо, поки вони додавали останні речі.

"¿Crees que el trineo se deslizará?" preguntó uno de los hombres con mirada escéptica.
«Думаєш, сани поїдуть?» — скептично спитав один із чоловіків.

"¿Por qué no debería?", replicó Charles con gran fastidio.

— Чому б і ні? — різко відрізав Чарльз.
—Está bien —dijo rápidamente el hombre, alejándose un poco de la ofensa.
«О, все гаразд», — швидко сказав чоловік, відступаючи від образи.
"Solo me preguntaba, me pareció que tenía la parte superior demasiado pesada".
«Я просто хотів подумати — мені здалося, що зверху трохи занадто важко».
Charles se dio la vuelta y ató la carga lo mejor que pudo.
Чарльз відвернувся і якнайкраще зав'язав вантаж.
Pero las ataduras estaban sueltas y el embalaje en general estaba mal hecho.
Але кріплення були нещільно закріплені, а пакування загалом погано виконане.
"Claro, los perros tirarán de eso todo el día", dijo otro hombre con sarcasmo.
«Звичайно, собаки тягнутимуть це цілий день», — саркастично сказав інший чоловік.
—Por supuesto —respondió Hal con frialdad, agarrando el largo palo del trineo.
«Звичайно», — холодно відповів Гел, схопившись за довгу жердину саней.
Con una mano en el poste, blandía el látigo con la otra.
Тримаючись однією рукою за жердинку, він розмахував батогом в іншій.
"¡Vamos!", gritó. "¡Muévanse!", instando a los perros a empezar.
«Ходімо!» — крикнув він. «Рухайтеся!» — підштовхуючи собак рушати.
Los perros se inclinaron hacia el arnés y se tensaron durante unos instantes.
Собаки нахилилися до шлейки та напружилися кілька хвилин.
Entonces se detuvieron, incapaces de mover ni un centímetro el trineo sobrecargado.

Потім вони зупинилися, не в змозі зрушити перевантажені сани ні на дюйм.

—¡Esos brutos perezosos! —gritó Hal, levantando el látigo para golpearlos.

«Ліниві негідники!» — крикнув Гел, піднімаючи батіг, щоб ударити їх.

Pero Mercedes entró corriendo y le arrebató el látigo de las manos a Hal.

Але Мерседес кинулася всередину і вихопила батіг з рук Гела.

—Oh, Hal, no te atrevas a hacerles daño —gritó alarmada.

«О, Геле, не смій їх ображати!» — стривожено вигукнула вона.

"Prométeme que serás amable con ellos o no daré un paso más".

«Пообіцяй мені, що будеш до них добрим, інакше я не зроблю ні кроку більше».

—No sabes nada de perros —le espetó Hal a su hermana.

«Ти нічого не знаєш про собак», — різко сказав Гел сестрі.

"Son perezosos y la única forma de moverlos es azotándolos".

«Вони ліниві, і єдиний спосіб їх зрушити з місця — це відшмагати батогом».

"Pregúntale a cualquiera, pregúntale a uno de esos hombres de allí si dudas de mí".

«Запитай будь-кого... запитай одного з тих чоловіків он там, якщо сумніваєшся в мені».

Mercedes miró a los espectadores con ojos suplicantes y llorosos.

Мерседес подивилася на глядачів благальними, сльозливими очима.

Su rostro mostraba lo profundamente que odiaba ver cualquier dolor.

Її обличчя показувало, як глибоко вона ненавиділа будь-який біль.

"Están débiles, eso es todo", dijo un hombre. "Están agotados".

«Вони слабкі, от і все», — сказав один чоловік. «Вони виснажені».

"Necesitan descansar, han trabajado demasiado tiempo sin descansar".

«Їм потрібен відпочинок — вони надто довго працювали без перерви».

—Maldito sea el resto —murmuró Hal con el labio curvado.

«Будь проклятий решта», — пробурмотів Гел, скрививши губи.

Mercedes jadeó, visiblemente dolida por la grosera palabra que pronunció.

Мерседес ахнула, явно засмучена його грубим словом.

Aún así, ella se mantuvo leal y defendió instantáneamente a su hermano.

Однак вона залишилася вірною та одразу стала на захист свого брата.

—No le hagas caso a ese hombre —le dijo a Hal—. Son nuestros perros.

«Не звертай уваги на цього чоловіка», — сказала вона Гелу. «Це наші собаки».

"Los conduces como mejor te parezca, haz lo que creas correcto".

«Керуйте ними, як вважаєте за потрібне — робіть те, що вважаєте правильним».

Hal levantó el látigo y volvió a golpear a los perros sin piedad.

Гел підняв батіг і знову безжалісно вдарив собак.

Se lanzaron hacia adelante, con el cuerpo agachado y los pies hundidos en la nieve.

Вони кинулися вперед, низько пригнувшись, ногами впиваючись у сніг.

Ponían toda su fuerza en tirar, pero el trineo no se movía.

Вся їхня сила була спрямована на тягу, але сани не рухалися.

El trineo quedó atascado, como un ancla congelada en la nieve compacta.

Сани застрягли, немов якір, застиглий у утрамбованому снігу.

Tras un segundo esfuerzo, los perros se detuvieron de nuevo, jadeando con fuerza.

Після другої спроби собаки знову зупинилися, важко задихаючись.

Hal levantó el látigo una vez más, justo cuando Mercedes interfirió nuevamente.

Гел знову підняв батіг, якраз коли Мерседес знову втрутилася.

Ella cayó de rodillas frente a Buck y abrazó su cuello.

Вона опустилася на коліна перед Баком і обійняла його за шию.

Las lágrimas llenaron sus ojos mientras le suplicaba al perro exhausto.

Сльози наповнили її очі, коли вона благала виснаженого собаку.

"Pobres queridos", dijo, "¿por qué no tiran más fuerte?"

«Бідолашні ви, любі», — сказала вона, — «чому б вам просто не потягнути сильніше?»

"Si tiras, no te azotarán así".

«Якщо будеш тягнути, то тебе не будуть так шмагати».

A Buck no le gustaba Mercedes, pero estaba demasiado cansado para resistirse a ella ahora.

Бак не любив Мерседес, але зараз він був надто втомлений, щоб чинити їй опір.

Él aceptó sus lágrimas como una parte más de ese día miserable.

Він сприйняв її сльози як ще одну частину цього жалюгідного дня.

Uno de los hombres que observaban finalmente habló después de contener su ira.

Один із чоловіків, що спостерігали, нарешті заговорив, стримавши гнів.

"No me importa lo que les pase a ustedes, pero esos perros importan".

«Мені байдуже, що з вами станеться, але ці собаки мають значення».

"Si quieres ayudar, suelta ese trineo: está congelado hasta la nieve".

«Якщо хочеш допомогти, відчепи ці сани — вони примерзли до снігу».

"Presiona con fuerza el polo G, derecha e izquierda, y rompe el sello de hielo".

«Сильніше натискай на вудку, праворуч і ліворуч, і розіб'єш крижану плівку».

Se hizo un tercer intento, esta vez siguiendo la sugerencia del hombre.

Було зроблено третю спробу, цього разу за порадою чоловіка.

Hal balanceó el trineo de un lado a otro, soltando los patines.

Гел розгойдував сани з боку в бік, розстібаючи полозки.

El trineo, aunque sobrecargado y torpe, finalmente avanzó con dificultad.

Сани, хоч і перевантажені та незграбні, нарешті рвонули вперед.

Buck y los demás tiraron salvajemente, impulsados por una tormenta de latigazos.

Бак та інші шалено тягнули, підганяні шквалом ударів батогом.

Cien metros más adelante, el sendero se curvaba y descendía hacia la calle.

За сто ярдів попереду стежка вигиналася і спускалася на вулицю.

Se hubiera necesitado un conductor habilidoso para mantener el trineo en posición vertical.

Знадобився б досвідчений водій, щоб утримувати сани у вертикальному положенні.

Hal no era hábil y el trineo se volcó al girar en la curva.

Гел не був вправним, і сани перекинулися, коли вони різко повернули на повороті.

Las ataduras sueltas cedieron y la mitad de la carga se derramó sobre la nieve.

Розхитані мотузки обірвалися, і половина вантажу висипалася на сніг.

Los perros no se detuvieron; el trineo, más ligero, siguió volando de lado.

Собаки не зупинялися; легші сани летіли набік.

Enojados por el abuso y la pesada carga, los perros corrieron más rápido.

Розлючені від знущань та важкого тягаря, собаки побігли швидше.

Buck, furioso, echó a correr, con el equipo siguiéndolo detrás.

Бак, розлючений, побіг, а команда йшла позаду.

Hal gritó "¡Guau! ¡Guau!", pero el equipo no le hizo caso.

Гел крикнув «Ого! Ого!», але команда не звернула на нього уваги.

Tropezó, cayó y fue arrastrado por el suelo por el arnés.

Він спіткнувся, упав, і його потягло по землі за ремінь безпеки.

El trineo volcado saltó sobre él mientras los perros corrían delante.

Перекинуті сани перекотилися через нього, поки собаки мчали попереду.

El resto de los suministros se dispersaron por la concurrida calle de Skaguay.

Решта припасів розкидалася по жвавій вулиці Скагвея.

La gente bondadosa se apresuró a detener a los perros y recoger el equipo.

Добросердечні люди кинулися зупиняти собак та збирати спорядження.

También dieron consejos, contundentes y prácticos, a los nuevos viajeros.

Вони також давали новим мандрівникам поради, прямі та практичні.

"Si quieres llegar a Dawson, lleva la mitad de la carga y el doble de perros".

«Якщо хочеш дістатися до Доусона, візьми половину вантажу та вдвічі більше собак».

Hal, Charles y Mercedes escucharon, aunque no con entusiasmo.

Гел, Чарльз і Мерседес слухали, хоча й не з ентузіазмом.

Instalaron su tienda de campaña y comenzaron a clasificar sus suministros.

Вони розбили намет і почали сортувати свої речі.

Salieron alimentos enlatados, lo que hizo reír a carcajadas a los espectadores.

Звідти винесли консерви, що викликало у глядачів сміх.

"¿Enlatado en el camino? Te morirás de hambre antes de que se derrita", dijo uno.

«Консерви на стежці? Ти ж зголоднієш, перш ніж вони розтануть», — сказав один.

¿Mantas de hotel? Mejor tíralas todas.

«Готельні ковдри? Краще їх усі викинути».

"Si también deshazte de la tienda de campaña, aquí nadie lava los platos".

«Покиньте і намет, і тут ніхто не миє посуд».

¿Crees que estás viajando en un tren Pullman con sirvientes a bordo?

«Ти думаєш, що їдеш у потязі Пульмана зі слугами на борту?»

El proceso comenzó: todos los objetos inútiles fueron arrojados a un lado.

Процес почався — кожну непотрібну річ викинули вбік.

Mercedes lloró cuando sus maletas fueron vaciadas en el suelo nevado.

Мерседес заплакала, коли її валізи висипали на засніжену землю.

Ella sollozaba por cada objeto que tiraba, uno por uno, sin pausa.

Вона ридала над кожною викинутою річчю, одну за одною без паузи.

Ella juró no dar un paso más, ni siquiera por diez Charleses.

Вона поклялася не зробити більше ні кроку — навіть за десять Чарльзів.

Ella le rogó a cada persona cercana que le permitiera conservar sus cosas preciosas.

Вона благала кожного, хто був поруч, дозволити їй залишити собі її дорогоцінні речі.

Por último, se secó los ojos y comenzó a arrojar incluso la ropa más importante.

Нарешті вона витерла очі й почала викидати навіть найнеобхідніший одяг.

Cuando terminó con los suyos, comenzó a vaciar los suministros de los hombres.

Закінчивши зі своїми, вона почала спорожняти чоловічі припаси.

Como un torbellino, destrozó las pertenencias de Charles y Hal.

Як вихор, вона пронеслася крізь речі Чарльза та Гела.

Aunque la carga se redujo a la mitad, todavía era mucho más pesada de lo necesario.

Хоча вантаж зменшили вдвічі, він все одно був набагато важчим, ніж потрібно.

Esa noche, Charles y Hal salieron y compraron seis perros nuevos.

Тієї ночі Чарльз і Гел пішли і купили шістьох нових собак.

Estos nuevos perros se unieron a los seis originales, además de Teek y Koona.

Ці нові собаки приєдналися до початкової шістьох, а також до Тіка та Куни.

Juntos formaron un equipo de catorce perros enganchados al trineo.

Разом вони утворили упряжку з чотирнадцяти собак, запряжених у сани.

Pero los nuevos perros no eran aptos y estaban mal entrenados para el trabajo con trineos.

Але нові собаки були непридатними та погано навченими для роботи на санях.

Tres de los perros eran pointers de pelo corto y uno era un Terranova.
Троє собак були короткошерстими пойнтерами, а один був ньюфаундлендом.

Los dos últimos perros eran mestizos, sin ninguna raza ni propósito claros.
Останні два собаки були дворнягами без чіткої породи чи призначення.

No entendieron el camino y no lo aprendieron rápidamente.
Вони не розуміли стежки і не швидко її вивчили.

Buck y sus compañeros los miraron con desprecio y profunda irritación.
Бак та його товариші спостерігали за ними з презирством та глибоким роздратуванням.

Aunque Buck les enseñó lo que no debían hacer, no podía enseñarles cuál era el deber.
Хоча Бак і навчив їх, чого не слід робити, він не міг навчити їх обов'язку.

No se adaptaron bien a la vida en senderos ni al tirón de las riendas y los trineos.
Вони погано переносили їзду по тягарях та тягу віжок і саней.

Sólo los mestizos intentaron adaptarse, e incluso a ellos les faltó espíritu de lucha.
Тільки дворняги намагалися адаптуватися, та й їм бракувало бойового духу.

Los demás perros estaban confundidos, debilitados y destrozados por su nueva vida.
Інші собаки були розгублені, ослаблені та зламані своїм новим життям.

Con los nuevos perros desorientados y los viejos exhaustos, la esperanza era escasa.
З огляду на те, що нові собаки нічого не знали, а старі були виснажені, надія була ледь помітною.

El equipo de Buck había recorrido dos mil quinientas millas de senderos difíciles.

Команда Бака подолала дві з половиною тисячі миль суворою стежкою.

Aún así, los dos hombres estaban alegres y orgullosos de su gran equipo de perros.

Тим не менш, двоє чоловіків були веселими та пишалися своєю великою собачою упряжкою.

Creían que viajaban con estilo, con catorce perros enganchados.

Вони думали, що подорожують стильно, з чотирнадцятьма в'язаними собаками.

Habían visto trineos partir hacia Dawson y otros llegar desde allí.

Вони бачили, як сани вирушають до Доусона, а інші прибувають звідти.

Pero nunca habían visto uno tirado por tantos catorce perros.

Але вони ніколи не бачили, щоб його тягнули аж чотирнадцять собак.

Había una razón por la que equipos como ese eran raros en el desierto del Ártico.

Була причина, чому такі команди були рідкістю в арктичній дикій природі.

Ningún trineo podría transportar suficiente comida para alimentar a catorce perros durante el viaje.

Жодні сани не могли б перевезти достатньо їжі, щоб прогодувати чотирнадцять собак протягом усієї подорожі.

Pero Charles y Hal no lo sabían: habían hecho los cálculos.

Але Чарльз і Гел цього не знали — вони самі все підрахували.

Planificaron la comida: tanta cantidad por perro, tantos días, y listo.

Вони розписали корм: стільки на собаку, стільки днів, готовий.

Mercedes miró sus figuras y asintió como si tuviera sentido.

Мерседес подивилася на їхні цифри та кивнула, ніби це мало сенс.

Todo le parecía muy sencillo, al menos en el papel.

Все здавалося їй дуже простим, принаймні на папері.

A la mañana siguiente, Buck guió al equipo lentamente por la calle nevada.
Наступного ранку Бак повільно повів команду засніженою вулицею.

No había energía ni espíritu en él ni en los perros detrás de él.
Ні в ньому, ні в собак позаду нього не було ні енергії, ні духу.

Estaban muertos de cansancio desde el principio: no les quedaban reservas.
Вони були смертельно втомлені з самого початку — резерву не залишалося.

Buck ya había hecho cuatro viajes entre Salt Water y Dawson.
Бак уже здійснив чотири поїздки між Солт-Вотер та Доусоном.

Ahora, enfrentado nuevamente el mismo desafío, no sentía nada más que amargura.
Тепер, знову зіткнувшись із тим самим шляхом, він не відчував нічого, крім гіркоти.

Su corazón no estaba en ello, ni tampoco el corazón de los otros perros.
Він не був у цьому відданий, як і інші собаки.

Los nuevos perros eran tímidos y los huskies carecían de confianza.
Нові собаки були боязкими, а хаскі не викликали жодної довіри.

Buck sintió que no podía confiar en estos dos hombres ni en su hermana.
Бак відчував, що не може покластися ні на цих двох чоловіків, ні на їхню сестру.

No sabían nada y no mostraron señales de aprender en el camino.
Вони нічого не знали і не виявляли жодних ознак навчання на стежці.

Estaban desorganizados y carecían de cualquier sentido de disciplina.
Вони були неорганізовані та не мали жодної дисципліни.
Les tomó media noche montar un campamento descuidado cada vez.
Щоразу їм знадобилося півночі, щоб розбити недбалий табір.
Y la mitad de la mañana siguiente la pasaron otra vez jugueteando con el trineo.
І пів наступного ранку вони знову возилися з санками.
Al mediodía, a menudo se detenían simplemente para arreglar la carga desigual.
До полудня вони часто зупинялися лише для того, щоб виправити нерівномірне навантаження.
Algunos días, viajaron menos de diez millas en total.
У деякі дні вони проїжджали загалом менше десяти миль.
Otros días ni siquiera conseguían salir del campamento.
Іншими днями їм взагалі не вдавалося покинути табір.
Nunca llegaron a cubrir la distancia alimentaria planificada.
Вони так і не наблизилися до подолання запланованої дистанції для перевезення їжі.
Como era de esperar, muy rápidamente se quedaron sin comida para los perros.
Як і очікувалося, у них дуже швидко закінчилася їжа для собак.
Empeoró las cosas sobrealimentándolos en los primeros días.
Вони погіршили ситуацію, перегодовуючи на початку.
Esto acercaba la hambruna con cada ración descuidada.
Це наближало голод з кожною недбалою пайкою.
Los nuevos perros no habían aprendido a sobrevivir con muy poco.
Нові собаки не навчилися виживати в мізерних запасах.
Comieron con hambre, con apetitos demasiado grandes para el camino.
Вони їли голодно, адже апетит був занадто великий для такої стежки.

Al ver que los perros se debilitaban, Hal creyó que la comida no era suficiente.
Бачачи, як собаки слабшають, Гел подумав, що їжі недостатньо.
Duplicó las raciones, empeorando aún más el error.
Він подвоїв пайки, зробивши помилку ще гіршою.
Mercedes añadió más problemas con lágrimas y suaves súplicas.
Мерседес посилила проблему сльозами та тихими благаннями.
Cuando no pudo convencer a Hal, alimentó a los perros en secreto.
Коли їй не вдалося переконати Гела, вона таємно погодувала собак.
Ella robó de los sacos de pescado y se lo dio a sus espaldas.
Вона крала з мішків з рибою та віддавала їм за його спиною.
Pero lo que los perros realmente necesitaban no era más comida: era descanso.
Але собакам насправді була потрібна не їжа, а відпочинок.
Iban a poca velocidad, pero el pesado trineo aún seguía avanzando.
Вони йшли погано, але важкі сани все ще тягнулися вперед.
Ese peso solo les quitaba las fuerzas que les quedaban cada día.
Сама ця вага щодня висмоктувала з них залишки сил.
Luego vino la etapa de desalimentación ya que los suministros escasearon.
Потім настав етап недогодовування, оскільки запаси закінчувалися.
Una mañana, Hal se dio cuenta de que la mitad de la comida para perros ya había desaparecido.
Одного ранку Гел зрозумів, що половина корму для собак вже зникла.
Sólo habían recorrido una cuarta parte de la distancia total del recorrido.

Вони подолали лише чверть загальної відстані маршруту.
No se podía comprar más comida por ningún precio que se ofreciera.
Більше їжі не можна було купити, незалежно від того, яку ціну пропонували.
Redujo las raciones de los perros por debajo de la ración diaria estándar.
Він зменшив порції собак до рівня нижче стандартного добового раціону.
Al mismo tiempo, exigió viajes más largos para compensar las pérdidas.
Водночас він вимагав довших поїздок, щоб компенсувати втрати.
Mercedes y Carlos apoyaron este plan, pero fracasaron en su ejecución.
Мерседес і Шарль підтримали цей план, але не змогли його виконати.
Su pesado trineo y su falta de habilidad hicieron que el avance fuera casi imposible.
Їхні важкі сани та брак вправності робили просування майже неможливим.
Era fácil dar menos comida, pero imposible forzar más esfuerzo.
Було легко давати менше їжі, але неможливо змусити до більших зусиль.
No podían salir temprano ni tampoco viajar horas extras.
Вони не могли починати рано, а також не могли подорожувати понаднормово.
No sabían cómo trabajar con los perros, ni tampoco ellos mismos.
Вони не знали, як працювати з собаками, та й самі, зрештою, не знали.
El primer perro que murió fue Dub, el desafortunado pero trabajador ladrón.
Першим собакою, який помер, був Даб, нещасливий, але працьовитий злодій.

Aunque a menudo lo castigaban, Dub había hecho su parte sin quejarse.
Хоча Даба часто карали, він без нарікань виконував свою роботу.
Su hombro lesionado empeoró sin cuidados ni necesidad de descanso.
Його травмоване плече погіршувалося без догляду та потреби в відпочинку.
Finalmente, Hal usó el revólver para acabar con el sufrimiento de Dub.
Зрештою, Гел використав револьвер, щоб покласти край стражданням Даба.
Un dicho común afirma que los perros normales mueren con raciones para perros esquimales.
Поширене прислів'я стверджувало, що звичайні собаки гинуть від пайків хаскі.
Los seis nuevos compañeros de Buck tenían sólo la mitad de la porción de comida del husky.
Шість нових компаньйонів Бака мали лише половину порції їжі, яку давала хаскі.
Primero murió el Terranova y después los tres bracos de pelo corto.
Спочатку помер ньюфаундленд, потім три короткошерсті пойнтери.
Los dos mestizos resistieron más tiempo pero finalmente perecieron como el resto.
Дві дворняги протрималися довше, але зрештою загинули, як і решта.
Para entonces, todas las comodidades y la dulzura de Southland habían desaparecido.
На цей час усі зручності та ніжність Півдня вже зникли.
Las tres personas habían perdido los últimos vestigios de su educación civilizada.
Ці троє людей позбулися останніх слідів свого цивілізованого виховання.
Despojado de glamour y romance, el viaje al Ártico se volvió brutalmente real.

Позбавлені гламуру та романтики, арктичні подорожі стали жорстоко реальними.

Era una realidad demasiado dura para su sentido de masculinidad y feminidad.

Це була надто сувора реальність для їхнього почуття мужності та жіночності.

Mercedes ya no lloraba por los perros, ahora lloraba sólo por ella misma.

Мерседес більше не плакала за собаками, а тепер плакала лише за себе.

Pasó su tiempo llorando y peleando con Hal y Charles.

Вона проводила час, плакала та сварилася з Гелом та Чарльзом.

Pelear era lo único que nunca estaban demasiado cansados para hacer.

Сварки були єдиною справою, якою вони ніколи не втомлювалися.

Su irritabilidad surgió de la miseria, creció con ella y la superó.

Їхня дратівливість виходила з страждань, зростала разом з ними і перевершувала їх.

La paciencia del camino, conocida por quienes trabajan y sufren con bondad, nunca llegó.

Терпіння шляху, відоме тим, хто трудиться і страждає добросердечно, так і не прийшло.

Esa paciencia que conserva dulce la palabra a pesar del dolor les era desconocida.

Те терпіння, яке зберігає мову солодкою крізь біль, було їм невідоме.

No tenían ni un ápice de paciencia ni la fuerza que suponía sufrir con gracia.

У них не було ні натяку на терпіння, ні сили, почерпнутої зі страждань з благодаттю.

Estaban rígidos por el dolor: les dolían los músculos, los huesos y el corazón.

Вони були заціпенілі від болю — ломили м'язи, кістки та серце.

Por eso se volvieron afilados de lengua y rápidos para usar palabras ásperas.
Через це вони стали гострими на язик і швидкими на грубі слова.

Cada día comenzaba y terminaba con voces enojadas y amargas quejas.
Кожен день починався і закінчувався гнівними голосами та гіркими скаргами.

Charles y Hal discutían cada vez que Mercedes les daba una oportunidad.
Чарльз і Гел сварилися щоразу, коли Мерседес давала їм шанс.

Cada hombre creía que hacía más de lo que le correspondía en el trabajo.
Кожен чоловік вважав, що зробив більше, ніж йому належало.

Ninguno de los dos perdió la oportunidad de decirlo una y otra vez.
Жоден з них ніколи не втрачав можливості сказати це знову і знову.

A veces Mercedes se ponía del lado de Charles, a veces del lado de Hal.
Іноді Мерседес була на боці Чарльза, іноді на боці Гела.

Esto dio lugar a una gran e interminable disputa entre los tres.
Це призвело до великої та нескінченної сварки між ними трьома.

Una disputa sobre quién debería cortar leña se salió de control.
Суперечка щодо того, хто має рубати дрова, вийшла з-під контролю.

Pronto se nombraron padres, madres, primos y parientes muertos.
Невдовзі були названі імена батьків, матерів, двоюрідних братів і сестер та померлих родичів.

Las opiniones de Hal sobre el arte o las obras de su tío se convirtieron en parte de la pelea.

Погляди Гела на мистецтво чи п'єси його дядька стали частиною боротьби.
Las creencias políticas de Charles también entraron en el debate.
Політичні переконання Чарльза також були обговорені.
Para Mercedes, incluso los chismes de la hermana de su marido parecían relevantes.
Для Мерседес навіть плітки сестри її чоловіка здавалися актуальними.
Ella expresó sus opiniones sobre eso y sobre muchos de los defectos de la familia de Charles.
Вона висловила свої думки з цього приводу та з приводу багатьох недоліків родини Чарльза.
Mientras discutían, el fuego permaneció apagado y el campamento medio montado.
Поки вони сперечалися, багаття залишалося нерозпаленим, а табір наполовину згорів.
Mientras tanto, los perros permanecieron fríos y sin comida.
Тим часом собаки залишалися холодними та без їжі.
Mercedes tenía un motivo de queja que consideraba profundamente personal.
Мерседес мала образу, яку вважала глибоко особистою.
Se sintió maltratada como mujer, negándole sus privilegios de gentileza.
Вона відчувала себе жорстоко поводженою як жінка, позбавленою своїх привілеїв у благородній статтю.
Ella era bonita y dulce, y acostumbrada a la caballerosidad toda su vida.
Вона була гарненькою та ніжною, і все своє життя звикла до лицарства.
Pero su marido y su hermano ahora la trataban con impaciencia.
Але її чоловік і брат тепер ставилися до неї з нетерпінням.
Su costumbre era actuar con impotencia y comenzaron a quejarse.
Вона звикла поводитися безпорадно, і вони почали скаржитися.

Ofendida por esto, les hizo la vida aún más difícil.
Ображена цим, вона ще більше ускладнила їм життя.

Ella ignoró a los perros e insistió en montar ella misma el trineo.
Вона ігнорувала собак і наполягала на тому, щоб сама покататися на санях.

Aunque parecía ligera de aspecto, pesaba ciento veinte libras.
Хоча на вигляд вона була легка, важила вона сто двадцять фунтів.

Esa carga adicional era demasiado para los perros hambrientos y débiles.
Цей додатковий тягар був занадто важким для голодних, слабких собак.

Aún así, ella cabalgó durante días, hasta que los perros se desplomaron en las riendas.
І все ж вона їхала кілька днів, аж поки собаки не підкосилися під поводи.

El trineo se detuvo y Charles y Hal le rogaron que caminara.
Сани зупинилися, а Чарльз і Гел благали її йти пішки.

Ellos suplicaron y rogaron, pero ella lloró y los llamó crueles.
Вони благали й благали, але вона плакала та називала їх жорстокими.

En una ocasión la sacaron del trineo con pura fuerza y enojo.
Одного разу вони з силою та гнівом стягнули її з саней.

Nunca volvieron a intentarlo después de lo que pasó aquella vez.
Вони більше ніколи не пробували після того, що сталося тоді.

Ella se quedó flácida como un niño mimado y se sentó en la nieve.
Вона обм'якла, як розпещена дитина, і сіла на сніг.

Ellos siguieron adelante, pero ella se negó a levantarse o seguirlos.
Вони рушили далі, але вона відмовилася вставати чи йти за ними.

Después de tres millas, se detuvieron, regresaron y la llevaron de regreso.
Через три милі вони зупинилися, повернулися і понесли її назад.

La volvieron a cargar en el trineo, nuevamente usando la fuerza bruta.
Вони знову завантажили її на сани, знову використовуючи грубу силу.

En su profunda miseria, fueron insensibles al sufrimiento de los perros.
У своєму глибокому стражданні вони були байдужі до страждань собак.

Hal creía que uno debía endurecerse y forzar esa creencia a los demás.
Гел вважав, що треба загартуватися, і нав'язував цю віру іншим.

Primero intentó predicar su filosofía a su hermana.
Спочатку він спробував проповідувати свою філософію сестрі

y luego, sin éxito, le predicó a su cuñado.
а потім, безуспішно, він проповідував своєму зятю.

Tuvo más éxito con los perros, pero sólo porque los lastimaba.
Він мав більше успіху з собаками, але лише тому, що завдавав їм болю.

En Five Fingers, la comida para perros se quedó completamente sin comida.
У «П'яти Пальцях» корм для собак повністю закінчився.

Una vieja india desdentada vendió unas cuantas libras de cuero de caballo congelado
Беззуба стара індіанка продала кілька фунтів замороженої кінської шкіри

Hal cambió su revólver por la piel de caballo seca.
Гел обміняв свій револьвер на висушену кінську шкуру.

La carne había procedido de caballos hambrientos de ganaderos meses antes.

М'ясо було отримано від зголоднілих коней скотарів кілька місяців тому.

Congelada, la piel era como hierro galvanizado: dura y incomestible.

Замерзла шкіра була схожа на оцинковане залізо; жорстка та неїстівна.

Los perros tenían que masticar sin parar la piel para poder comérsela.

Собакам доводилося нескінченно гризти шкуру, щоб з'їсти її.

Pero las cuerdas correosas y el pelo corto no constituían apenas alimento.

Але шкірясті пасма та коротке волосся навряд чи можна було назвати їжею.

La mayor parte de la piel era irritante y no era alimento en ningún sentido estricto.

Більша частина шкури була дратівливою і не була їжею в справжньому сенсі.

Y durante todo ese tiempo, Buck se tambaleaba al frente, como en una pesadilla.

І крізь усе це Бак хитався попереду, немов у кошмарі.

Tiraba cuando podía, y cuando no, se quedaba tendido hasta que un látigo o un garrote lo levantaban.

Він тягнув, коли міг; коли ні, лежав, поки батіг чи палиця не піднімали його.

Su fino y brillante pelaje había perdido toda la rigidez y brillo que alguna vez tuvo.

Його чудова, блискуча шерсть втратила всю колишню жорсткість і блиск.

Su cabello colgaba lacio, enmarañado y cubierto de sangre seca por los golpes.

Його волосся висіло скуйовджене, скуйовджене та згорнуте від засохлої крові від ударів.

Sus músculos se encogieron hasta convertirse en cuerdas y sus almohadillas de carne estaban todas desgastadas.

Його м'язи стиснулися, перетворюючись на тяжі, а шкіра стерлася.

Cada costilla, cada hueso se veía claramente a través de los pliegues de la piel arrugada.

Кожне ребро, кожна кістка чітко проглядали крізь складки зморшкуватої шкіри.

Fue desgarrador, pero el corazón de Buck no podía romperse.

Це було роздираюче, але серце Бака не могло розбитися.

El hombre del suéter rojo lo había probado y demostrado hacía mucho tiempo.

Чоловік у червоному светрі давно це перевірив і довів.

Tal como sucedió con Buck, sucedió con el resto de sus compañeros de equipo.

Як і з Баком, так само було і з усіма його рештою товаришів по команді.

Eran siete en total, cada uno de ellos un esqueleto andante de miseria.

Їх було семеро, кожен з яких був ходячим скелетом страждань.

Se habían vuelto insensibles a los latigazos y solo sentían un dolor distante.

Вони заніміли від ударів батогом, відчуваючи лише віддалений біль.

Incluso la vista y el sonido les llegaban débilmente, como a través de una espesa niebla.

Навіть зір і звук доносилися до них ледь чутно, ніби крізь густий туман.

No estaban ni medio vivos: eran huesos con tenues chispas en su interior.

Вони не були наполовину живими — це були кістки з тьмяними іскрами всередині.

Al detenerse, se desplomaron como cadáveres y sus chispas casi desaparecieron.

Коли їх зупинили, вони розвалилися, як трупи, їхні іскри майже згасли.

Y cuando el látigo o el garrote volvían a golpear, las chispas revoloteaban débilmente.

А коли батіг чи палиця вдаряли знову, іскри слабо тріпотіли.

Entonces se levantaron, se tambalearon hacia adelante y arrastraron sus extremidades hacia delante.

Потім вони підвелися, похитуючись посунулися вперед і потягнули вперед свої кінцівки.

Un día el amable Billee se cayó y ya no pudo levantarse.

Одного разу добра Біллі впала і вже зовсім не змогла підвестися.

Hal había cambiado su revólver, por lo que utilizó un hacha para matar a Billee.

Гел обміняв свій револьвер, тому замість цього вбив Біллі сокирою.

Lo golpeó en la cabeza, luego le cortó el cuerpo y se lo llevó arrastrado.

Він ударив його по голові, потім розрубав його тіло та відтягнув його геть.

Buck vio esto, y también los demás; sabían que la muerte estaba cerca.

Бак побачив це, як і інші; вони знали, що смерть близько.

Al día siguiente Koona se fue, dejando sólo cinco perros en el equipo hambriento.

Наступного дня Куна пішов, залишивши лише п'ятьох собак у голодній упряжці.

Joe, que ya no era malo, estaba demasiado perdido como para darse cuenta de gran cosa.

Джо, вже не злий, був надто злий, щоб взагалі щось усвідомлювати.

Pike, que ya no fingía su lesión, estaba apenas consciente.

Пайк, більше не вдаючи своєї травми, був ледве притомний.

Solleks, todavía fiel, lamentó no tener fuerzas para dar.

Соллекс, все ще вірний, сумував, що не мав сили віддати.

Teek fue el que más perdió porque estaba más fresco, pero su rendimiento se estaba agotando rápidamente.

Тіка найбільше побили, бо він був свіжішим, але швидко втрачав свою силу.

Y Buck, todavía a la cabeza, ya no mantenía el orden ni lo hacía cumplir.
А Бак, все ще лідируючи, більше не підтримував порядок і не забезпечував його дотримання.

Medio ciego por la debilidad, Buck siguió el rastro sólo por el tacto.
Напівсліпий від слабкості, Бек йшов слідом, керуючись лише навмання.

Era un hermoso clima primaveral, pero ninguno de ellos lo notó.
Була чудова весняна погода, але ніхто з них цього не помітив.

Cada día el sol salía más temprano y se ponía más tarde que el anterior.
Щодня сонце сходило раніше і сідало пізніше, ніж раніше.

A las tres de la mañana ya había amanecido; el crepúsculo duró hasta las nueve.
О третій годині ранку настав світанок; сутінки тривали до дев'ятої.

Los largos días estuvieron llenos del resplandor del sol primaveral.
Довгі дні були наповнені яскравим весняним сонцем.

El silencio fantasmal del invierno se había transformado en un cálido murmullo.
Примарна тиша зими змінилася теплим шепотом.

Toda la tierra estaba despertando, viva con la alegría de los seres vivos.
Вся земля прокидалася, ожила радістю живих істот.

El sonido provenía de lo que había permanecido muerto e inmóvil durante el invierno.
Звук долинав з того, що лежало мертвим і нерухомим протягом зими.

Ahora, esas cosas se movieron nuevamente, sacudiéndose el largo sueño helado.
Тепер ці істоти знову заворушилися, струшуючи з себе довгий морозний сон.

La savia subía a través de los oscuros troncos de los pinos que esperaban.
Сік піднімався крізь темні стовбури сосен, що чекали.
Los sauces y los álamos brotan brillantes y jóvenes brotes en cada ramita.
Верби та осики пускають яскраві молоді бруньки на кожній гілочці.
Los arbustos y las enredaderas se vistieron de un verde fresco a medida que el bosque cobraba vida.
Чагарники та ліани зазеленіли, коли ліс ожив.
Los grillos cantaban por la noche y los insectos se arrastraban bajo el sol del día.
Вночі цвірінькали цвіркуни, а на денному сонці повзали комахи.
Las perdices graznaban y los pájaros carpinteros picoteaban en lo profundo de los árboles.
Куріпки гуділи, а дятли стукали глибоко в деревах.
Las ardillas parloteaban, los pájaros cantaban y los gansos graznaban al hablarles a los perros.
Білки цурічали, птахи співали, а гуси гавкали над собаками.
Las aves silvestres llegaron en grupos afilados, volando desde el sur.
Дикі птахи злітали гострими зграями з півдня.
De cada ladera llegaba la música de arroyos ocultos y caudalosos.
З кожного схилу пагорба долинала музика прихованих, гуркотливих струмків.
Todas las cosas se descongelaron y se rompieron, se doblaron y volvieron a ponerse en movimiento.
Все розтануло, клацнуло, зігнулося та знову вибухнуло рухом.
El Yukón se esforzó por romper las frías cadenas del hielo congelado.
Юкон напружувався, щоб розірвати холодні ланцюги замерзлого льоду.

El hielo se derritió desde abajo, mientras que el sol lo derritió desde arriba.
Лід танув знизу, а сонце розтоплювало його зверху.

Se abrieron agujeros de aire, se abrieron grietas y algunos trozos cayeron al río.
Відкрилися вентиляційні отвори, поширилися тріщини, і шматки падали в річку.

En medio de toda esta vida frenética y llameante, los viajeros se tambaleaban.
Серед усього цього вируючого та палкого життя мандрівники хиталися.

Dos hombres, una mujer y una jauría de perros esquimales caminaban como muertos.
Двоє чоловіків, жінка та зграя хаскі йшли, як мертві.

Los perros caían, Mercedes lloraba, pero seguía montando el trineo.
Собаки падали, Мерседес плакала, але все ще їхала на санях.

Hal maldijo débilmente y Charles parpadeó con los ojos llorosos.
Гел слабо вилаявся, а Чарльз кліпнув сльозячими очима.

Se toparon con el campamento de John Thornton junto a la desembocadura del río Blanco.
Вони натрапили на табір Джона Торнтона біля гирла річки Вайт-Рівер.

Cuando se detuvieron, los perros cayeron al suelo, como si todos hubieran muerto.
Коли вони зупинилися, собаки впали ниць, ніби всі загинули.

Mercedes se secó las lágrimas y miró a John Thornton.
Мерседес витерла сльози й подивилася на Джона Торнтона.

Charles se sentó en un tronco, lenta y rígidamente, dolorido por el camino.
Чарльз сидів на колоді, повільно та напружено, відчуваючи біль від стежки.

Hal habló mientras Thornton tallaba el extremo del mango de un hacha.

Гел говорив, поки Торнтон вирізав кінець ручки сокири.

Él tallaba madera de abedul y respondía con respuestas breves y firmes.

Він стругав березові дрова та відповідав короткими, твердими словами.

Cuando se le preguntó, dio consejos, seguro de que no serían seguidos.

Коли його запитали, він дав пораду, будучи певним, що її не виконають.

Hal explicó: "Nos dijeron que el hielo del sendero se estaba desprendiendo".

Гел пояснив: «Вони сказали нам, що лід на стежці тане».

Dijeron que nos quedáramos allí, pero llegamos a White River.

«Вони сказали, що нам слід залишатися на місці, але ми дісталися до Вайт-Рівер».

Terminó con un tono burlón, como para proclamar la victoria en medio de las dificultades.

Він закінчив глузливим тоном,ніби проголошуючи перемогу у скрутному становищі.

—Y te dijeron la verdad —respondió John Thornton a Hal en voz baja.

— І вони сказали тобі правду, — тихо відповів Джон Торнтон Гелу.

"El hielo puede ceder en cualquier momento; está a punto de desprenderse".

«Лід може будь-якої миті розвалитися — він готовий відвалитися».

"Solo la suerte ciega y los tontos pudieron haber llegado tan lejos con vida".

«Тільки сліпа удача та дурні могли дожити так далеко живими».

"Te lo digo directamente: no arriesgaría mi vida ni por todo el oro de Alaska".

«Кажу вам прямо, я б не ризикнув своїм життям за все золото Аляски».

—Supongo que es porque no eres tonto —respondió Hal.

«Мабуть, це тому, що ти не дурень», – відповів Гел.

—De todos modos, seguiremos hasta Dawson. —Desenrolló el látigo.

«Усе одно, ми поїдемо до Доусона». Він розгорнув батіг.

—¡Sube, Buck! ¡Hola! ¡Sube! ¡Vamos! —gritó con dureza.

«Лезь нагору, Баку! Гей! Вставай! Давай!» — різко крикнув він.

Thornton siguió tallando madera, sabiendo que los tontos no escucharían razones.

Торнтон продовжував різьбити, знаючи, що дурні не почують розумних доводів.

Detener a un tonto era inútil, y dos o tres tontos no cambiaban nada.

Зупиняти дурня було марно, а двоє чи троє обдурених нічого не змінили.

Pero el equipo no se movió ante la orden de Hal.

Але команда не ворухнулася на звук команди Гела.

A estas alturas, sólo los golpes podían hacerlos levantarse y avanzar.

Тепер лише удари могли змусити їх піднятися та рушити вперед.

El látigo golpeó una y otra vez a los perros debilitados.

Батіг знову і знову клацав по ослаблених собаках.

John Thornton apretó los labios con fuerza y observó en silencio.

Джон Торнтон міцно стиснув губи і мовчки спостерігав.

Solleks fue el primero en ponerse de pie bajo el látigo.

Соллекс першим підвівся на ноги під батогом.

Entonces Teek lo siguió, temblando. Joe gritó al tambalearse.

Потім Тік пішов, тремтячи. Джо скрикнув, спіткнувшись і піднявшись.

Pike intentó levantarse, falló dos veces y finalmente se mantuvo en pie, tambaleándose.

Пайк спробував підвестися, двічі невдало, а потім нарешті невпевнено стояв.

Pero Buck yacía donde había caído, sin moverse en absoluto este momento.

Але Бак лежав там, де впав, цього разу зовсім не рухаючись.

El látigo lo golpeaba una y otra vez, pero él no emitía ningún sonido.

Батіг шмагав його знову і знову, але він не видав жодного звуку.

Él no se inmutó ni se resistió, simplemente permaneció quieto y en silencio.

Він не здригнувся і не чинив опору, просто залишався нерухомим і тихим.

Thornton se movió más de una vez, como si fuera a hablar, pero no lo hizo.

Торнтон кілька разів ворухнувся, ніби хотів щось сказати, але промовчав.

Sus ojos se humedecieron y el látigo siguió golpeando contra Buck.

Його очі намокли, а батіг все ще клацав по Баку.

Finalmente, Thornton comenzó a caminar lentamente, sin saber qué hacer.

Нарешті Торнтон почав повільно ходити туди-сюди, не знаючи, що робити.

Era la primera vez que Buck fallaba y Hal se puso furioso.

Це був перший раз, коли Бак зазнав невдачі, і Гел розлютився.

Dejó el látigo y en su lugar tomó el pesado garrote.

Він кинув батіг і замість нього підняв важку палицю.

El palo de madera cayó con fuerza, pero Buck todavía no se levantó para moverse.

Дерев'яна палиця сильно вдарила, але Бак все ще не підвівся, щоб поворухнутися.

Al igual que sus compañeros de equipo, era demasiado débil, pero más que eso.

Як і його товариші по команді, він був надто слабким, але більше того.
Buck había decidido no moverse, sin importar lo que sucediera después.
Бак вирішив не рухатися, що б не сталося далі.
Sintió algo oscuro y seguro flotando justo delante.
Він відчув щось темне й певне, що маячило прямо попереду.
Ese miedo se apoderó de él tan pronto como llegó a la orilla del río.
Цей жах охопив його, щойно він дістався берега річки.
La sensación no lo había abandonado desde que sintió el hielo fino bajo sus patas.
Це відчуття не покидало його відтоді, як він відчув тонкий лід під лапами.
Algo terrible lo esperaba; lo sintió más allá del camino.
Щось жахливе чекало на нього — він відчував це вже десь унизу стежки.
No iba a caminar hacia esa cosa terrible que había delante.
Він не збирався йти назустріч тій жахливій істоті попереду.
Él no iba a obedecer ninguna orden que lo llevara a esa cosa.
Він не збирався виконувати жодного наказу, який би привів його туди.
El dolor de los golpes apenas lo afectaba ahora: estaba demasiado lejos.
Біль від ударів майже не торкався його — він був надто знесилений.
La chispa de la vida parpadeaba débilmente y se apagaba bajo cada golpe cruel.
Іскра життя ледь мерехтіла, тьмяніла під кожним жорстоким ударом.
Sus extremidades se sentían distantes; su cuerpo entero parecía pertenecer a otro.
Його кінцівки здавалися далекими; все його тіло ніби належало комусь іншому.

Sintió un extraño entumecimiento mientras el dolor desapareció por completo.

Він відчув дивне оніміння, коли біль повністю зник.

Desde lejos, sentía que lo golpeaban, pero apenas lo sabía.

Здалеку він відчував, що його б'ють, але ледве усвідомлював це.

Podía oír los golpes débilmente, pero ya no dolían realmente.

Він ледь чув глухі удари, але вони вже не завдавали йому справжнього болю.

Los golpes dieron en el blanco, pero su cuerpo ya no parecía el suyo.

Удари сильні, але його тіло вже не здавалося його власним.

Entonces, de repente y sin previo aviso, John Thornton lanzó un grito salvaje.

Раптом, без попередження, Джон Торнтон дико скрикнув.

Era un grito inarticulado, más el grito de una bestia que el de un hombre.

Це було нерозбірливо, радше крик звіра, ніж людини.

Saltó hacia el hombre con el garrote y tiró a Hal hacia atrás.

Він стрибнув на чоловіка з кийком і відкинув Гела назад.

Hal voló como si lo hubiera golpeado un árbol y aterrizó con fuerza en el suelo.

Гел полетів, ніби його вдарило дерево, і міцно приземлився на землю.

Mercedes gritó en pánico y se llevó las manos a la cara.

Мерседес голосно закричала в паніці та схопилася за обличчя.

Charles se limitó a mirar, se secó los ojos y permaneció sentado.

Чарльз лише спостерігав, витираючи очі та залишаючись сидіти.

Su cuerpo estaba demasiado rígido por el dolor para levantarse o ayudar en la pelea.

Його тіло було надто заціпенілим від болю, щоб підвестися чи допомогти в боротьбі.

Thornton se quedó de pie junto a Buck, temblando de furia, incapaz de hablar.

Торнтон стояв над Баком, тремтячи від люті, не в змозі говорити.

Se estremeció de rabia y luchó por encontrar su voz a través de ella.

Він тремтів від люті й намагався крізь неї вимовити голос.

—Si vuelves a golpear a ese perro, te mataré —dijo finalmente.

«Якщо ти ще раз удариш цього собаку, я тебе вб'ю», — нарешті сказав він.

Hal se limpió la sangre de la boca y volvió a avanzar.

Гел витер кров з рота і знову підійшов до нього.

—Es mi perro —murmuró—. ¡Quítate del medio o te curaré!

«Це мій собака», — пробурмотів він. «Забирайся з дороги, бо я тебе виправлю».

"Voy a Dawson y no me lo vas a impedir", añadió.

«Я їду до Доусона, і ти мене не зупиниш», – додав він.

Thornton se mantuvo firme entre Buck y el joven enojado.

Торнтон міцно стояв між Баком і розгніваним юнаком.

No tenía intención de hacerse a un lado o dejar pasar a Hal.

Він не мав наміру відступати вбік чи пропускати Гела.

Hal sacó su cuchillo de caza, largo y peligroso en la mano.

Гел витягнув свій мисливський ніж, довгий і небезпечний у руці.

Mercedes gritó, luego lloró y luego rió con una histeria salvaje.

Мерседес кричала, потім плакала, а потім істерично сміялася.

Thornton golpeó la mano de Hal con el mango de su hacha, fuerte y rápido.

Торнтон сильно та швидко вдарив Гела по руці держаком сокири.

El cuchillo se soltó del agarre de Hal y voló al suelo.

Ніж випав з рук Гела та полетів на землю.

Hal intentó recoger el cuchillo y Thornton volvió a golpearle los nudillos.

Гел спробував підняти ніж, і Торнтон знову постукав кісточками пальців.

Entonces Thornton se agachó, agarró el cuchillo y lo sostuvo.

Тоді Торнтон нахилився, схопив ніж і тримав його.

Con dos rápidos golpes del mango del hacha, cortó las riendas de Buck.

Двома швидкими ударами ручки сокири він перерізав Баккові віжки.

Hal ya no tenía fuerzas para luchar y se apartó del perro.

Гел не мав жодних сил чинити опір і відступив від собаки.

Además, Mercedes necesitaba ahora ambos brazos para mantenerse erguida.

Крім того, Мерседес тепер потрібні були обидві руки, щоб триматися на ногах.

Buck estaba demasiado cerca de la muerte como para volver a ser útil para tirar de un trineo.

Бак був надто близький до смерті, щоб знову бути корисним для тяги санок.

Unos minutos después, se marcharon y se dirigieron río abajo.

Через кілька хвилин вони вирушили, прямуючи вниз по річці.

Buck levantó la cabeza débilmente y los observó mientras salían del banco.

Бак слабо підняв голову й спостерігав, як вони виходять з банку.

Pike lideró el equipo, con Solleks en la parte trasera, al volante.

Пайк очолив команду, а Соллекс був позаду на позиції кермового.

Joe y Teek caminaron entre ellos, ambos cojeando por el cansancio.

Джо та Тік йшли між ними, обидва кульгаючи від виснаження.

Mercedes se sentó en el trineo y Hal agarró el largo palo.

Мерседес сиділа на санях, а Гел міцно тримався за довгу жердину.

Charles se tambaleó detrás, sus pasos torpes e inseguros.
Шарль спіткнувся позаду, його кроки були незграбними та невпевненими.

Thornton se arrodilló junto a Buck y buscó con delicadeza los huesos rotos.
Торнтон став навколішки біля Бака й обережно намацав переломи.

Sus manos eran ásperas pero se movían con amabilidad y cuidado.
Його руки були шорсткі, але рухалися з добротою та турботою.

El cuerpo de Buck estaba magullado pero no mostraba lesiones duraderas.
Тіло Бака було в синцях, але тривалих травм не було.

Lo que quedó fue un hambre terrible y una debilidad casi total.
Залишилися лише жахливий голод і майже повна слабкість.

Cuando esto quedó claro, el trineo ya había avanzado mucho río abajo.
Поки це прояснилося, сани вже далеко зайшли вниз за річкою.

El hombre y el perro observaron cómo el trineo se deslizaba lentamente sobre el hielo agrietado.
Чоловік і собака спостерігали, як сани повільно повзуть по тріскаючому льоду.

Luego vieron que el trineo se hundía en un hueco.
Потім вони побачили, як сани опускаються в улоговину.

El mástil voló hacia arriba, con Hal todavía aferrándose a él en vano.
Вудка злетіла вгору, а Гел марно за неї чіплявся.

El grito de Mercedes les llegó a través de la fría distancia.
Крик Мерседес долинув до них крізь холодну відстань.

Charles se giró y dio un paso atrás, pero ya era demasiado tarde.
Чарльз обернувся і відступив назад, але було вже надто пізно.

Una capa de hielo entera cedió y todos ellos cayeron al suelo.
Цілий льодовиковий щит провалився, і всі вони провалилися крізь нього.
Los perros, los trineos y las personas desaparecieron en el agua negra que había debajo.
Собаки, сани та люди зникли у чорній воді внизу.
En el hielo por donde habían pasado sólo quedaba un amplio agujero.
Там, де вони пройшли, залишилася лише широка діра в льоду.
El sendero se había hundido por completo, tal como Thornton había advertido.
Підошва стежки обвалилася — саме так, як і попереджав Торнтон.
Thornton y Buck se miraron el uno al otro y guardaron silencio por un momento.
Торнтон і Бак подивилися одне на одного, на мить мовчки.
—Pobre diablo —dijo Thornton suavemente, y Buck le lamió la mano.
«Бідолашний ти», — тихо сказав Торнтон, і Бак облизав йому руку.

Por el amor de un hombre
Заради любові до чоловіка

John Thornton se congeló los pies en el frío del diciembre anterior.
Джон Торнтон відморозив ноги в холод попереднього грудня.

Sus compañeros lo hicieron sentir cómodo y lo dejaron recuperarse solo.
Його партнери влаштували йому комфортно та залишили його відновлюватися самого.

Subieron al río para recoger una balsa de troncos para aserrar para Dawson.
Вони піднялися вгору по річці, щоб назбирати пліт пилорам для Доусона.

Todavía cojeaba ligeramente cuando rescató a Buck de la muerte.
Він все ще трохи кульгав, коли врятував Бака від смерті.

Pero como el clima cálido continuó, incluso esa cojera desapareció.
Але з появою теплої погоди навіть ця кульгавість зникла.

Durante los largos días de primavera, Buck descansaba a orillas del río.
Лежачи на березі річки протягом довгих весняних днів, Бак відпочивав.

Observó el agua fluir y escuchó a los pájaros y a los insectos.
Він спостерігав за течією води та слухав спів птахів і комах.

Lentamente, Buck recuperó su fuerza bajo el sol y el cielo.
Повільно Бак відновлював сили під сонцем і небом.

Un descanso fue maravilloso después de viajar tres mil millas.
Відпочинок був чудовим після подорожі трьома тисячами миль.

Buck se volvió perezoso a medida que sus heridas sanaban y su cuerpo se llenaba.
Бак став лінивим, коли його рани загоїлися, а тіло наповнилося.

Sus músculos se reafirmaron y la carne volvió a cubrir sus huesos.
Його м'язи стали міцнішими, а плоть знову покрила його кістки.
Todos estaban descansando: Buck, Thornton, Skeet y Nig.
Всі вони відпочивали — Бак, Торнтон, Скіт і Ніг.
Esperaron la balsa que los llevaría a Dawson.
Вони чекали на пліт, який мав доставити їх до Доусона.
Skeet era un pequeño setter irlandés que se hizo amigo de Buck.
Скіт був маленьким ірландським сетером, який потоваришував з Баком.
Buck estaba demasiado débil y enfermo para resistirse a ella en su primer encuentro.
Бак був надто слабкий і хворий, щоб чинити їй опір під час їхньої першої зустрічі.
Skeet tenía el rasgo de sanador que algunos perros poseen naturalmente.
Скіт мав рису цілителя, яку деякі собаки мають від природи.
Como una gata madre, lamió y limpió las heridas abiertas de Buck.
Як мама-кішка, вона облизувала та очищала свіжі рани Бака.
Todas las mañanas, después del desayuno, repetía su minucioso trabajo.
Щоранку після сніданку вона повторювала свою ретельну роботу.
Buck llegó a esperar su ayuda tanto como la de Thornton.
Бак очікував її допомоги так само, як і Торнтонової.
Nig también era amigable, pero menos abierto y menos cariñoso.
Ніг теж був дружелюбним, але менш відкритим і менш ласкавим.
Nig era un perro grande y negro, mitad sabueso y mitad lebrel.

Ніг був великим чорним собакою, частково бладхаундом, частково дирхаундом.

Tenía ojos sonrientes y un espíritu bondadoso sin límites.
У нього були усміхнені очі та безмежна доброта в душі.

Para sorpresa de Buck, ninguno de los perros mostró celos hacia él.
На подив Бака, жоден з собак не виявляв до нього ревнощів.

Tanto Skeet como Nig compartieron la amabilidad de John Thornton.
І Скіт, і Ніг поділяли доброту Джона Торнтона.

A medida que Buck se hacía más fuerte, lo atrajeron hacia juegos de perros tontos.
Коли Бак зміцнів, вони заманили його в дурні собачі ігри.

Thornton también jugaba a menudo con ellos, incapaz de resistirse a su alegría.
Торнтон також часто грався з ними, не в змозі встояти перед їхньою радістю.

De esta manera lúdica, Buck pasó de la enfermedad a una nueva vida.
У такий грайливий спосіб Бак перейшов від хвороби до нового життя.

El amor, el amor verdadero, ardiente y apasionado, finalmente era suyo.
Кохання — справжнє, палке й пристрасне кохання — нарешті було його.

Nunca había conocido ese tipo de amor en la finca de Miller.
Він ніколи не знав такого кохання в маєтку Міллера.

Con los hijos del Juez había compartido trabajo y aventuras.
З синами судді він ділив роботу та пригоди.

En los nietos vio un orgullo rígido y jactancioso.
У онуків він бачив закляклу та хвалькувату гординю.

Con el propio juez Miller mantuvo una amistad respetuosa.
З самим суддею Міллером у нього були шанобливі дружні стосунки.

Pero el amor que era fuego, locura y adoración llegó con Thornton.

Але кохання, яке було вогнем, божевіллям і поклонінням, прийшло з Торнтоном.
Este hombre había salvado la vida de Buck, y eso solo significaba mucho.
Цей чоловік врятував Баку життя, і це вже одне багато значило.
Pero más que eso, John Thornton era el tipo de maestro ideal.
Але більше того, Джон Торнтон був ідеальним майстром.
Otros hombres cuidaban perros por obligación o necesidad laboral.
Інші чоловіки доглядали за собаками з обов'язку або через ділову необхідність.
John Thornton cuidaba a sus perros como si fueran sus hijos.
Джон Торнтон піклувався про своїх собак, ніби вони були його дітьми.
Él se preocupaba por ellos porque los amaba y simplemente no podía evitarlo.
Він піклувався про них, бо любив їх і просто нічого не міг з цим вдіяти.
John Thornton vio incluso más lejos de lo que la mayoría de los hombres lograron ver.
Джон Торнтон бачив навіть далі, ніж більшість людей коли-небудь вдавалося побачити.
Nunca se olvidó de saludarlos amablemente o decirles alguna palabra de aliento.
Він ніколи не забував привітно їх привітати чи сказати підбадьорливе слово.
Le encantaba sentarse con los perros para tener largas charlas, o "gases", como él decía.
Він любив довго розмовляти з собаками, або, як він казав, «задихатися».
Le gustaba agarrar bruscamente la cabeza de Buck entre sus fuertes manos.
Йому подобалося грубо хапати Бака за голову своїми сильними руками.

Luego apoyó su cabeza contra la de Buck y lo sacudió suavemente.
Потім він притулив свою голову до Бакової й легенько його похитав.
Mientras tanto, él llamaba a Buck con nombres groseros que significaban amor para Buck.
Весь цей час він обзивал Бака грубими словами, що означало для Бака любов.
Para Buck, ese fuerte abrazo y esas palabras le trajeron una profunda alegría.
Баку ці грубі обійми та ці слова принесли глибоку радість.
Su corazón parecía latir con fuerza de felicidad con cada movimiento.
Здавалося, що його серце тріпотіло від щастя з кожним рухом.
Cuando se levantó de un salto, su boca parecía como si se estuviera riendo.
Коли він потім схопився, його рот виглядав так, ніби він сміявся.
Sus ojos brillaban intensamente y su garganta temblaba con una alegría tácita.
Його очі яскраво сяяли, а горло тремтіло від невимовної радості.
Su sonrisa se detuvo en ese estado de emoción y afecto resplandeciente.
Його посмішка завмерла в цьому стані емоцій та сяючої прихильності.
Entonces Thornton exclamó pensativo: "¡Dios! ¡Casi puede hablar!"
Тоді Торнтон задумливо вигукнув: «Боже! Він майже може говорити!»
Buck tenía una extraña forma de expresar amor que casi causaba dolor.
У Бака була дивна манера висловлювати кохання, яка мало не завдавала болю.
A menudo apretaba muy fuerte la mano de Thornton entre los dientes.

Він часто міцно стискав руку Торнтона зубами.
La mordedura iba a dejar marcas profundas que permanecerían durante algún tiempo.
Укус мав залишити глибокі сліди, які залишалися на деякий час після цього.
Buck creía que esos juramentos eran de amor y Thornton lo sabía también.
Бак вірив, що ці клятви — це кохання, і Торнтон знав те саме.
La mayoría de las veces, el amor de Buck se demostraba en una adoración silenciosa, casi silenciosa.
Найчастіше кохання Бака проявлялося в тихому, майже мовчазному обожнюванні.
Aunque se emocionaba cuando lo tocaban o le hablaban, no buscaba atención.
Хоча він був у захваті від дотику чи розмови з ним, він не шукав уваги.
Skeet empujó su nariz bajo la mano de Thornton hasta que él la acarició.
Скіт тицьнула носом під руку Торнтона, аж поки він не погладив її.
Nig se acercó en silencio y apoyó su gran cabeza en la rodilla de Thornton.
Ніг тихо підійшов і поклав свою велику голову на коліна Торнтона.
Buck, por el contrario, se conformaba con amar desde una distancia respetuosa.
Бак, навпаки, був задоволений тим, що кохав з шанобливої відстані.
Durante horas permaneció tendido a los pies de Thornton, alerta y observando atentamente.
Він годинами лежав біля ніг Торнтона, пильно спостерігаючи.
Buck estudió cada detalle del rostro de su amo y su más mínimo movimiento.
Бак вивчав кожну деталь обличчя свого господаря та його найменший рух.

O yacía más lejos, estudiando la figura del hombre en silencio.
Або лежав далі, мовчки вивчаючи постать чоловіка.
Buck observó cada pequeño movimiento, cada cambio de postura o gesto.
Бак спостерігав за кожним найменшим рухом, кожною зміною пози чи жесту.
Tan poderosa era esta conexión que a menudo atraía la mirada de Thornton.
Цей зв'язок був настільки сильним, що часто привертав до себе погляд Торнтона.
Sostuvo la mirada de Buck sin palabras, pero el amor brillaba claramente a través de ella.
Він зустрівся поглядом з Баком без слів, крізь який чітко сяяло кохання.
Durante mucho tiempo después de ser salvado, Buck nunca perdió de vista a Thornton.
Протягом довгого часу після порятунку Бак не випускав Торнтона з поля зору.
Cada vez que Thornton salía de la tienda, Buck lo seguía de cerca afuera.
Щоразу, коли Торнтон виходив з намету, Бак уважно йшов за ним надвір.
Todos los amos severos de las Tierras del Norte habían hecho que Buck tuviera miedo de confiar.
Усі суворі господарі на Півночі змусили Бака боятися довіряти.
Temía que ningún hombre pudiera seguir siendo su amo durante más de un corto tiempo.
Він боявся, що ніхто не зможе залишатися його господарем довше короткого часу.
Temía que John Thornton desapareciera como Perrault y François.
Він боявся, що Джон Торнтон зникне, як Перро та Франсуа.
Incluso por la noche, el miedo a perderlo acechaba el sueño inquieto de Buck.

Навіть вночі страх втратити його переслідував Бака у неспокійному сні.

Cuando Buck se despertó, salió a escondidas al frío y fue a la tienda de campaña.

Коли Бак прокинувся, він виповз на холод і пішов до намету.

Escuchó atentamente el suave sonido de la respiración en su interior.

Він уважно прислухався до тихого внутрішнього дихання.

A pesar del profundo amor de Buck por John Thornton, lo salvaje siguió vivo.

Незважаючи на глибоку любов Бака до Джона Торнтона, дика природа залишилася живою.

Ese instinto primitivo, despertado en el Norte, no desapareció.

Той первісний інстинкт, пробуджений на Півночі, не зник.

El amor trajo devoción, lealtad y el cálido vínculo del fuego.

Кохання принесло відданість, вірність та теплий зв'язок біля каміна.

Pero Buck también mantuvo sus instintos salvajes, agudos y siempre alerta.

Але Бак також зберігав свої дикі інстинкти, гострі та завжди пильні.

No era sólo una mascota domesticada de las suaves tierras de la civilización.

Він був не просто прирученим домашнім улюбленцем з м'яких земель цивілізації.

Buck era un ser salvaje que había venido a sentarse junto al fuego de Thornton.

Бак був дикуном, який зайшов посидіти біля вогню в Торнтона.

Parecía un perro del Sur, pero en su interior vivía lo salvaje.

Він був схожий на собаку з Саутленду, але всередині нього жила дика природа.

Su amor por Thornton era demasiado grande como para permitirle robarle algo.

Його любов до Торнтона була надто великою, щоб дозволити йому обкрасти його.

Pero en cualquier otro campamento, robaría con valentía y sin pausa.

Але в будь-якому іншому таборі він би крав сміливо та без зупинки.

Era tan astuto al robar que nadie podía atraparlo ni acusarlo.

Він був настільки спритним у крадіжці, що ніхто не міг його спіймати чи звинуватити.

Su rostro y su cuerpo estaban cubiertos de cicatrices de muchas peleas pasadas.

Його обличчя та тіло були вкриті шрамами від численних минулих боїв.

Buck seguía luchando con fiereza, pero ahora luchaba con más astucia.

Бак все ще люто бився, але тепер він бився з більшою хитрістю.

Skeet y Nig eran demasiado amables para pelear, y eran de Thornton.

Скіт і Ніг були надто ніжні, щоб битися, і вони належали Торнтону.

Pero cualquier perro extraño, por fuerte o valiente que fuese, cedía.

Але будь-який дивний собака, яким би сильним чи хоробрим він не був, поступався дорогою.

De lo contrario, el perro se encontraría luchando contra Buck; luchando por su vida.

Інакше собака опинився в боротьбі з Баком; боровся за своє життя.

Buck no tuvo piedad una vez que decidió pelear contra otro perro.

Бак не мав милосердя, коли вирішив битися з іншим собакою.

Había aprendido bien la ley del garrote y el colmillo en las Tierras del Norte.

Він добре вивчив закон палиці та ікла на Півночі.

Él nunca renunció a una ventaja y nunca se retractó de la batalla.
Він ніколи не втрачав переваги і ніколи не відступав від битви.

Había estudiado a los Spitz y a los perros más feroces del correo y de la policía.
Він вивчав Шпіца та найлютіших собак пошти та поліції.

Sabía claramente que no había término medio en un combate salvaje.
Він чітко знав, що в дикій сутичці немає золотої середини.

Él debía gobernar o ser gobernado; mostrar misericordia significaba mostrar debilidad.
Він мусив правити або бути керованим; виявляти милосердя означало виявляти слабкість.

Mercy era una desconocida en el crudo y brutal mundo de la supervivencia.
Милосердя було невідоме у сирому та жорстокому світі виживання.

Mostrar misericordia era visto como miedo, y el miedo conducía rápidamente a la muerte.
Вияв милосердя сприймався як страх, а страх швидко вів до смерті.

La antigua ley era simple: matar o ser asesinado, comer o ser comido.
Старий закон був простий: вбий або будеш убитий, з'їж або будеш з'їдений.

Esa ley vino desde las profundidades del tiempo, y Buck la siguió plenamente.
Той закон прийшов з глибин часів, і Бак дотримувався його неухильно.

Buck era mayor que su edad y el número de respiraciones que tomaba.
Бак був старший за свої роки та кількість вдихів, які він робив.

Conectó claramente el pasado antiguo con el momento presente.
Він чітко пов'язав давнє минуле з сучасним моментом.

Los ritmos profundos de las épocas lo atravesaban como mareas.
Глибокі ритми віків пронизували його, немов припливи та відпливи.

El tiempo latía en su sangre con la misma seguridad con la que las estaciones movían la tierra.
Час пульсував у його крові так само впевнено, як пори року рухають землю.

Se sentó junto al fuego de Thornton, con el pecho fuerte y los colmillos blancos.
Він сидів біля вогню в Торнтона, міцногрудий та з білими іклами.

Su largo pelaje ondeaba, pero detrás de él los espíritus de los perros salvajes observaban.
Його довге хутро майоріло, але позаду нього спостерігали духи диких собак.

Lobos medio y lobos completos se agitaron dentro de su corazón y sus sentidos.
Напівовки та справжні вовки ворушилися в його серці та почуттях.

Probaron su carne y bebieron la misma agua que él.
Вони скуштували його м'ясо та випили ту саму воду, що й він.

Olfatearon el viento junto a él y escucharon el bosque.
Вони нюхали вітер поруч із ним і слухали ліс.

Susurraron los significados de los sonidos salvajes en la oscuridad.
Вони шепотіли значення диких звуків у темряві.

Ellos moldearon sus estados de ánimo y guiaron cada una de sus reacciones tranquilas.
Вони формували його настрій і керували кожною з його тихих реакцій.

Se quedaron con él mientras dormía y se convirtieron en parte de sus sueños más profundos.
Вони лежали з ним, коли він спав, і ставали частиною його глибоких снів.

Soñaron con él, más allá de él, y constituyeron su propio espíritu.
Вони мріяли разом з ним, перевершуючи його, і складали саму його душу.
Los espíritus de la naturaleza llamaron con tanta fuerza que Buck se sintió atraído.
Духи дикої природи кликали так сильно, що Бак відчув потяг.
Cada día, la humanidad y sus reivindicaciones se debilitaban más en el corazón de Buck.
З кожним днем людство та його претензії слабшали в серці Бака.
En lo profundo del bosque, un llamado extraño y emocionante estaba por surgir.
Глибоко в лісі мав пролунати дивний і хвилюючий поклик.
Cada vez que escuchaba el llamado, Buck sentía un impulso que no podía resistir.
Щоразу, коли Бак чув цей дзвінок, він відчував непереборне бажання.
Él iba a alejarse del fuego y de los caminos humanos trillados.
Він збирався відвернутися від вогню та зникнути з второваних людських стежок.
Iba a adentrarse en el bosque, avanzando sin saber por qué.
Він збирався пірнути в ліс, рухаючись уперед, не знаючи чому.
Él no cuestionó esta atracción porque el llamado era profundo y poderoso.
Він не сумнівався в цьому потягу, бо поклик був глибоким і потужним.
A menudo, alcanzaba la sombra verde y la tierra suave e intacta.
Часто він досягав зеленої тіні та м'якої недоторканої землі
Pero entonces el fuerte amor por John Thornton lo atrajo de nuevo al fuego.

Але потім сильне кохання до Джона Торнтона знову потягнуло його до вогню.

Sólo John Thornton realmente pudo sostener en sus manos el corazón salvaje de Buck.

Тільки Джон Торнтон по-справжньому тримав у своїх обіймах дике серце Бака.

El resto de la humanidad no tenía ningún valor o significado duradero para Buck.

Решта людства не мала для Бака жодної тривалої цінності чи сенсу.

Los extraños podrían elogiarlo o acariciar su pelaje con manos amistosas.

Незнайомці можуть хвалити його або дружньо гладити його хутро.

Buck permaneció impasible y se alejó por demasiado afecto.

Бак залишився незворушним і пішов геть від надмірної ласки.

Hans y Pete llegaron con la balsa que habían esperado durante tanto tiempo.

Ганс і Піт прибули з плотом, якого так довго чекали.

Buck los ignoró hasta que supo que estaban cerca de Thornton.

Бак ігнорував їх, доки не дізнався, що вони близько до Торнтона.

Después de eso, los toleró, pero nunca les mostró total calidez.

Після цього він терпів їх, але ніколи не виявляв до них повної теплоти.

Él aceptaba comida o gentileza de ellos como si les estuviera haciendo un favor.

Він брав від них їжу чи ласкаві послуги, ніби роблячи їм послугу.

Eran como Thornton: sencillos, honestos y claros en sus pensamientos.

Вони були схожі на Торнтона — прості, чесні та з ясними думками.

Todos juntos viajaron al aserradero de Dawson y al gran remolino.

Усі разом вони вирушили до лісопилки Доусона та до великого виру.

En su viaje aprendieron a comprender profundamente la naturaleza de Buck.

Під час своєї подорожі вони навчилися глибоко розуміти природу Бака.

No intentaron acercarse como lo habían hecho Skeet y Nig.

Вони не намагалися зблизитися, як це зробили Скіт та Ніг.

Pero el amor de Buck por John Thornton solo se profundizó con el tiempo.

Але любов Бака до Джона Торнтона з часом лише поглиблювалася.

Sólo Thornton podía colocar una mochila en la espalda de Buck en el verano.

Тільки Торнтон міг покласти клуню на спину Бака влітку.

Cualquiera que fuera lo que Thornton ordenaba, Buck estaba dispuesto a hacerlo a cabalidad.

Що б не наказав Торнтон, Бак був готовий виконати сповна.

Un día, después de que dejaron Dawson hacia las cabeceras del río Tanana,

Одного дня, після того як вони вирушили з Доусона до верхів'їв Танани,

El grupo se sentó en un acantilado que caía un metro hasta el lecho rocoso desnudo.

Група сиділа на скелі, що спускалася на три фути до голої скелі.

John Thornton se sentó cerca del borde y Buck descansó a su lado.

Джон Торнтон сидів біля краю, а Бак відпочивав поруч із ним.

Thornton tuvo una idea repentina y llamó la atención de los hombres.

Торнтона раптом осяяла думка, і він звернув увагу чоловіків.

Señaló hacia el otro lado del abismo y le dio a Buck una única orden.

Він показав через прірву і дав Баку одну команду.

—¡Salta, Buck! —dijo, extendiendo el brazo por encima del precipicio.

«Стрибай, Баку!» — сказав він, простягаючи руку через обрив.

En un momento, tuvo que agarrar a Buck, quien estaba saltando para obedecer.

За мить йому довелося схопити Бака, який кинувся слухатися.

Hans y Pete corrieron hacia adelante y los pusieron a ambos a salvo.

Ганс і Піт кинулися вперед і відтягли обох назад у безпечне місце.

Cuando todo terminó y recuperaron el aliento, Pete habló.

Після того, як усе закінчилося, і вони перевели подих, Піт заговорив.

"El amor es extraño", dijo, conmocionado por la feroz devoción del perro.

«Це кохання неймовірне», — сказав він, вражений палкою відданістю собаки.

Thornton meneó la cabeza y respondió con seriedad y calma.

Торнтон похитав головою та відповів зі спокійною серйозністю.

"No, el amor es espléndido", dijo, "pero también terrible".

«Ні, кохання чудове, — сказав він, — але водночас жахливе».

"A veces, debo admitirlo, este tipo de amor me da miedo".

«Іноді, мушу визнати, таке кохання мене лякає».

Pete asintió y dijo: "Odiaría ser el hombre que te toque".

Піт кивнув і сказав: «Я б не хотів бути тим чоловіком, який тебе торкнеться».

Miró a Buck mientras hablaba, serio y lleno de respeto.

Говорячи, він дивився на Бака серйозно та сповнено поваги.

—¡Py Jingo! —dijo Hans rápidamente—. Yo tampoco, señor.

— Пі Джинго! — швидко сказав Ганс. — Я теж, ні, сер.

Antes de que terminara el año, los temores de Pete se hicieron realidad en Circle City.
Ще до кінця року побоювання Піта справдилися в Серкл-Сіті.

Un hombre cruel llamado Black Burton provocó una pelea en el bar.
Жорстокий чоловік на ім'я Блек Бертон влаштував бійку в барі.

Estaba enojado y malicioso, arremetiendo contra un nuevo novato.
Він був розлючений і злісний, накинувшись на нового новачка.

John Thornton entró en escena, tranquilo y afable como siempre.
Джон Торнтон увійшов у гру, спокійний і добродушний, як завжди.

Buck yacía en un rincón, con la cabeza gacha, observando a Thornton de cerca.
Бак лежав у кутку, опустивши голову, уважно спостерігаючи за Торнтоном.

Burton atacó de repente, y su puñetazo hizo que Thornton girara.
Бертон раптово завдав удару, від якого Торнтона аж обернулося.

Sólo la barandilla de la barra evitó que se estrellara con fuerza contra el suelo.
Лише поручні перекладини врятували його від сильного падіння на землю.

Los observadores oyeron un sonido que no era un ladrido ni un aullido.
Спостерігачі почули звук, який не був гавкотом чи вереском

Un rugido profundo salió de Buck mientras se lanzaba hacia el hombre.
Бак видав глибокий рев, кидаючись до чоловіка.

Burton levantó el brazo y apenas salvó su vida.
Бертон підняв руку і ледве врятував власне життя.
Buck se estrelló contra él y lo tiró al suelo.
Бак врізався в нього, збивши його на підлогу.
Buck mordió profundamente el brazo del hombre y luego se abalanzó sobre su garganta.
Бак глибоко вкусив чоловіка за руку, а потім кинувся до горла.
Burton sólo pudo bloquearlo parcialmente y su cuello quedó destrozado.
Бертон зміг лише частково заблокувати м'яч, і його шия була розірвана.
Los hombres se apresuraron a entrar, con los garrotes en alto, y apartaron a Buck del hombre sangrante.
Чоловіки кинулися всередину з піднятими кийками та відігнали Бака від стікаючих кров'ю людей.
Un cirujano trabajó rápidamente para detener la fuga de sangre.
Хірург швидко взявся за справу, щоб зупинити витік крові.
Buck caminaba de un lado a otro y gruñía, intentando atacar una y otra vez.
Бак ходив туди-сюди та гарчав, намагаючись атакувати знову і знову.
Sólo los golpes con los palos le impidieron llegar hasta Burton.
Тільки розгойдування кийків завадило йому дістатися до Бертона.
Allí mismo se convocó y celebró una asamblea de mineros.
Збори шахтарів були скликані та проведені прямо на місці.
Estuvieron de acuerdo en que Buck había sido provocado y votaron por liberarlo.
Вони погодилися, що Бака спровокували, і проголосували за його звільнення.
Pero el feroz nombre de Buck ahora resonaba en todos los campamentos de Alaska.

Але люте ім'я Бака тепер лунуло в кожному таборі Аляски.

Más tarde ese otoño, Buck salvó a Thornton nuevamente de una nueva manera.

Пізніше тієї ж осені Бак знову врятував Торнтона новим способом.

Los tres hombres guiaban un bote largo por rápidos agitados.

Троє чоловіків вели довгий човен бурхливими порогами.

Thornton tripulaba el bote, gritando instrucciones para llegar a la costa.

Торнтон керував човном, вигукуючи вказівки щодо шляху до берегової лінії.

Hans y Pete corrieron por la tierra, sosteniendo una cuerda de árbol a árbol.

Ганс і Піт бігли по суші, тримаючи мотузку, перетягнуту від дерева до дерева.

Buck seguía el ritmo en la orilla, siempre observando a su amo.

Бак не відставав від берега, незмінно спостерігаючи за своїм господарем.

En un lugar desagradable, las rocas sobresalían bajo el agua rápida.

В одному неприємному місці скелі стирчали з-під швидкої води.

Hans soltó la cuerda y Thornton dirigió el bote hacia otro lado.

Ганс відпустив мотузку, і Торнтон широко спрямував човен.

Hans corrió para alcanzar el barco nuevamente más allá de las rocas peligrosas.

Ганс побіг, щоб знову наздогнати човен, пропливши за небезпечні скелі.

El barco superó la cornisa pero se topó con una parte más fuerte de la corriente.

Човен обійшов виступ, але вдарився об сильнішу частину течії.

Hans agarró la cuerda demasiado rápido y desequilibró el barco.
Ганс занадто швидко схопив мотузку і вибив човен з рівноваги.
El barco se volcó y se estrelló contra la orilla, boca abajo.
Човен перекинувся і вдарився об берег днищем догори дном.
Thornton fue arrojado y arrastrado hacia la parte más salvaje del agua.
Торнтона викинуло на берег і змило в найбурхливішу частину води.
Ningún nadador habría podido sobrevivir en esas aguas turbulentas y mortales.
Жоден плавець не зміг би вижити в цих смертельних, швидкісних водах.
Buck saltó instantáneamente y persiguió a su amo río abajo.
Бак миттєво стрибнув і погнався за своїм господарем униз по річці.
Después de trescientos metros, llegó por fin a Thornton.
Через триста ярдів він нарешті дістався Торнтона.
Thornton agarró la cola de Buck y Buck se giró hacia la orilla.
Торнтон схопив Бака за хвіст, і Бек повернув до берега.
Nadó con todas sus fuerzas, luchando contra el arrastre salvaje del agua.
Він плив щосили, борючись із шаленим опором води.
Se movieron río abajo más rápido de lo que podían llegar a la orilla.
Вони рухалися за течією швидше, ніж могли дістатися до берега.
Más adelante, el río rugía cada vez más fuerte mientras caía en rápidos mortales.
Попереду річка ревела голосніше, впадаючи у смертельні пороги.
Las rocas cortaban el agua como los dientes de un peine enorme.
Камені розсікали воду, немов зубці величезного гребінця.

La atracción del agua cerca de la caída era salvaje e ineludible.
Потяг води біля краю був шаленим і неминучим.
Thornton sabía que nunca podrían llegar a la costa a tiempo.
Торнтон знав, що вони ніколи не зможуть вчасно дістатися берега.
Raspó una roca, se estrelló contra otra,
Він шкрябав об один камінь, розбивався об другий,
Y entonces se estrelló contra una tercera roca, agarrándola con ambas manos.
А потім він врізався в третій камінь, схопившись за нього обома руками.
Soltó a Buck y gritó por encima del rugido: "¡Vamos, Buck! ¡Vamos!".
Він відпустив Бака й крикнув крізь рев: «Вперед, Баку! Вперед!»
Buck no pudo mantenerse a flote y fue arrastrado por la corriente.
Бак не зміг втриматися на плаву і його знесло течією.
Luchó con todas sus fuerzas, intentando girar, pero no consiguió ningún progreso.
Він щосили боровся, намагаючись повернутись, але зовсім не просунувся вперед.
Entonces escuchó a Thornton repetir la orden por encima del rugido del río.
Потім він почув, як Торнтон повторив команду крізь рев річки.
Buck salió del agua y levantó la cabeza como para echar una última mirada.
Бак виринув з води, підняв голову, ніби востаннє глянувши.
Luego se giró y obedeció, nadando hacia la orilla con resolución.
потім повернувся і послухався, рішуче попливши до берега.
Pete y Hans lo sacaron a tierra en el último momento posible.

Піт і Ганс витягли його на берег в останню мить.
Sabían que Thornton podría aferrarse a la roca sólo por unos minutos más.
Вони знали, що Торнтон зможе триматися за скелю лише кілька хвилин.
Corrieron por la orilla hasta un lugar mucho más arriba de donde estaba colgado.
Вони побігли берегом до місця високо над тим місцем, де він висів.
Ataron la cuerda del bote al cuello y los hombros de Buck con cuidado.
Вони обережно прив'язали човенну мотузку до шиї та плечей Бака.
La cuerda estaba ajustada pero lo suficientemente suelta para permitir la respiración y el movimiento.
Мотузка була щільно прилягаючою, але достатньо вільною для дихання та руху.
Luego lo lanzaron nuevamente al caudaloso y mortal río.
Потім вони знову скинули його у стрімку, смертельну річку.
Buck nadó con valentía, pero perdió su ángulo debido a la fuerza de la corriente.
Бак сміливо плив, але не потрапив під свій кут у сильну течію.
Se dio cuenta demasiado tarde de que iba a dejar atrás a Thornton.
Він надто пізно зрозумів, що проїде повз Торнтона.
Hans tiró de la cuerda con fuerza, como si Buck fuera un barco que se hundía.
Ганс смикнув мотузку, ніби Бак був човном, що перекидається.
La corriente lo arrastró hacia abajo y desapareció bajo la superficie.
Течія потягнула його під воду, і він зник під поверхнею.
Su cuerpo chocó contra el banco antes de que Hans y Pete pudieran sacarlo.

Його тіло вдарилося об берег, перш ніж Ганс і Піт витягли його.
Estaba medio ahogado y le sacaron el agua a golpes.
Він наполовину потонув, і вони викачали з нього воду.
Buck se puso de pie, se tambaleó y volvió a desplomarse en el suelo.
Бак підвівся, похитнувся і знову впав на землю.
Entonces oyeron la voz de Thornton llevada débilmente por el viento.
Потім вони почули голос Торнтона, ледь чутний вітром.
Aunque las palabras no eran claras, sabían que estaba cerca de morir.
Хоча слова були незрозумілими, вони знали, що він близький до смерті.
El sonido de la voz de Thornton golpeó a Buck como una sacudida eléctrica.
Звук голосу Торнтона вдарив Бака, немов електричний розряд.
Saltó y corrió por la orilla, regresando al punto de lanzamiento.
Він схопився та побіг угору по берегу, повертаючись до місця старту.
Nuevamente ataron la cuerda a Buck, y nuevamente entró al arroyo.
Знову вони прив'язали Бака мотузкою, і він знову увійшов у струмок.
Esta vez nadó directo y firmemente hacia el agua que palpitaba.
Цього разу він плив прямо та рішуче у стрімку воду.
Hans soltó la cuerda con firmeza mientras Pete evitaba que se enredara.
Ганс повільно відпускав мотузку, поки Піт не давав їй заплутатися.
Buck nadó con fuerza hasta que estuvo alineado justo encima de Thornton.
Бак щосили плив, аж поки не опинився трохи вище Торнтона.

Luego se dio la vuelta y se lanzó hacia abajo como un tren a toda velocidad.

Потім він розвернувся і помчав униз, немов поїзд на повній швидкості.

Thornton lo vio venir, se preparó y le rodeó el cuello con los brazos.

Торнтон побачив його наближення, приготувався і обійняв його за шию.

Hans ató la cuerda fuertemente alrededor de un árbol mientras ambos eran arrastrados hacia abajo.

Ганс міцно прив'язав мотузку до дерева, коли обох потягнуло під землю.

Cayeron bajo el agua y se estrellaron contra rocas y escombros del río.

Вони котилися під воду, розбиваючись об каміння та річкове уламки.

En un momento Buck estaba arriba y al siguiente Thornton se levantó jadeando.

В одну мить Бак був зверху, а в наступну Торнтон підвівся, задихаючись.

Maltratados y asfixiados, se desviaron hacia la orilla y se pusieron a salvo.

Побиті та задихаючись, вони звернули до берега та безпечного місця.

Thornton recuperó el conocimiento, acostado sobre un tronco a la deriva.

Торнтон прийшов до тями, лежачи на заплавній колоді.

Hans y Pete trabajaron duro para devolverle el aliento y la vida.

Ганс і Піт наполегливо працювали, щоб повернути йому дихання та життя.

Su primer pensamiento fue para Buck, que yacía inmóvil y flácido.

Його перша думка була про Бака, який лежав нерухомо та безсило.

Nig aulló sobre el cuerpo de Buck y Skeet le lamió la cara suavemente.

Ніг завив над тілом Бака, а Скіт ніжно облизав його обличчя.

Thornton, dolorido y magullado, examinó a Buck con manos cuidadosas.

Торнтон, весь у синцях і боляче на тілі, обережно оглянув Бака.

Encontró tres costillas rotas, pero ninguna herida mortal en el perro.

Він виявив у собаки три зламані ребра, але смертельних ран не було.

"Eso lo resuelve", dijo Thornton. "Acamparemos aquí". Y así lo hicieron.

«Це вирішує питання», — сказав Торнтон. «Ми тут таборуємо». І вони так і зробили.

Se quedaron hasta que las costillas de Buck sanaron y pudo caminar nuevamente.

Вони залишалися, поки ребра Бака не загоїлися, і він знову не зміг ходити.

Ese invierno, Buck realizó una hazaña que aumentó aún más su fama.

Тієї зими Бак здійснив подвиг, який ще більше підняв його славу.

Fue menos heroico que salvar a Thornton, pero igual de impresionante.

Це було менш героїчно, ніж порятунок Торнтона, але так само вражаюче.

En Dawson, los socios necesitaban suministros para un viaje lejano.

У Доусоні партнерам потрібні були припаси для далекої подорожі.

Querían viajar hacia el Este, hacia tierras vírgenes y silvestres.

Вони хотіли подорожувати на Схід, у недоторкані дикі землі.

La escritura de Buck en el Eldorado Saloon hizo posible ese viaje.

Вчинок Бака в салуні Ельдорадо зробив цю поїздку можливою.

Todo empezó con hombres alardeando de sus perros mientras bebían.

Все почалося з того, що чоловіки вихвалялися своїми собаками за випивкою.

La fama de Buck lo convirtió en blanco de desafíos y dudas.

Слава Бака зробила його мішенню для викликів та сумнівів.

Thornton, orgulloso y tranquilo, se mantuvo firme en la defensa del nombre de Buck.

Торнтон, гордий і спокійний, твердо стояв на захисті імені Бака.

Un hombre dijo que su perro podía levantar doscientos cincuenta kilos con facilidad.

Один чоловік сказав, що його собака може легко потягнути п'ятсот фунтів.

Otro dijo seiscientos, y un tercero se jactó de setecientos.

Інший сказав шістсот, а третій похвалився сімсот.

"¡Pfft!" dijo John Thornton, "Buck puede tirar de un trineo de mil libras".

«Пфф!» — сказав Джон Торнтон. — «Бак може тягнути сани вагою в тисячу фунтів».

Matthewson, un Rey de Bonanza, se inclinó hacia delante y lo desafió.

Метьюсон, король Бонанзи, нахилився вперед і кинув йому виклик.

¿Crees que puede poner tanto peso en movimiento?

«Ти думаєш, що він може привести в рух таку велику вагу?»

"¿Y crees que puede tirar del peso cien yardas enteras?"

«І ти думаєш, що він зможе протягнути цю вагу на цілих сто ярдів?»

Thornton respondió con frialdad: «Sí. Buck es lo suficientemente bueno como para hacerlo».

Торнтон холоднокровно відповів: «Так. Бак достатньо хороший пес, щоб це зробити».

"Pondrá mil libras en movimiento y las arrastrará cien yardas".

«Він змусить рухатися тисячу фунтів і потягне його на сто ярдів».

Matthewson sonrió lentamente y se aseguró de que todos los hombres escucharan sus palabras.

Метьюсон повільно посміхнувся і переконався, що всі чоловіки почули його слова.

Tengo mil dólares que dicen que no puede. Ahí está.

«У мене є тисяча доларів, які говорять, що він не зможе. Ось вона».

Arrojó un saco de polvo de oro del tamaño de una salchicha sobre la barra.

Він грюкнув мішечком золотого пилу завбільшки з ковбасу по барній стійці.

Nadie dijo una palabra. El silencio se hizo denso y tenso a su alrededor.

Ніхто не промовив ні слова. Тиша навколо них ставала все важчою та напруженішою.

El engaño de Thornton —si es que lo hubo— había sido tomado en serio.

Торнтонов блеф — якщо це був блеф — сприйняли серйозно.

Sintió que el calor le subía a la cara mientras la sangre le subía a las mejillas.

Він відчув, як жар піднімається до його обличчя, кров прилила до щік.

En ese momento su lengua se había adelantado a su razón.

У ту мить його язик випередив розум.

Realmente no sabía si Buck podría mover mil libras.

Він справді не знав, чи зможе Бак зрушити з місця тисячу фунтів.

¡Media tonelada! Solo su tamaño le hacía sentir un gran peso en el corazón.

Півтонни! Вже сам його розмір стиснув йому серце.

Tenía fe en la fuerza de Buck y creía que era capaz.

Він вірив у силу Бака і вважав його здатним.

Pero nunca se había enfrentado a un desafío así, no de esta manera.
Але він ніколи не стикався з таким викликом, не з таким.

Una docena de hombres lo observaban en silencio, esperando ver qué haría.
Десяток чоловіків мовчки спостерігали за ним, чекаючи, що він зробить.

Él no tenía el dinero, ni tampoco Hans ni Pete.
У нього не було грошей — як і в Ганса, чи в Піта.

"Tengo un trineo afuera", dijo Matthewson fría y directamente.
«У мене надворі сани», — холодно та прямо сказав Метьюсон.

"Está cargado con veinte sacos de cincuenta libras cada uno, todo de harina.
«Він завантажений двадцятьма мішками, по п'ятдесят фунтів кожен, все борошно.

Así que no dejen que un trineo perdido sea su excusa ahora", añadió.
Тож не дозволяйте зниклим саням бути вашим виправданням зараз, – додав він.

Thornton permaneció en silencio. No sabía qué decir.
Торнтон мовчав. Він не знав, які слова сказати.

Miró a su alrededor los rostros sin verlos con claridad.
Він озирнувся на обличчя, не розгледівши їх чітко.

Parecía un hombre congelado en sus pensamientos, intentando reiniciarse.
Він виглядав як людина, завмерла в думках і намагається почати все заново.

Luego vio a Jim O'Brien, un amigo de la época de Mastodon.
Потім він побачив Джима О'Браєна, друга ще з часів мастодонтів.

Ese rostro familiar le dio un coraje que no sabía que tenía.
Це знайоме обличчя додало йому сміливості, про яку він і не знав.

Se giró y preguntó en voz baja: "¿Puedes prestarme mil?"

Він повернувся і тихо запитав: «Чи можете ви позичити мені тисячу?»

"Claro", dijo O'Brien, dejando caer un pesado saco junto al oro.

«Звичайно», — сказав О'Браєн, вже кидаючи важкий мішок біля золота.

"Pero la verdad, John, no creo que la bestia pueda hacer esto".

«Але, чесно кажучи, Джоне, я не вірю, що звір може це зробити».

Todos los que estaban en el Eldorado Saloon corrieron hacia afuera para ver el evento.

Усі в салуні «Ельдорадо» вибігли надвір, щоб подивитися на подію.

Abandonaron las mesas y las bebidas, e incluso los juegos se pausaron.

Вони залишили столи та напої, і навіть ігри були призупинені.

Comerciantes y jugadores acudieron para presenciar el final de la audaz apuesta.

Дилери та гравці прийшли, щоб подивитися на кінець сміливої ставки.

Cientos de personas se reunieron alrededor del trineo en la calle helada y abierta.

Сотні людей зібралися навколо саней на крижаній відкритій вулиці.

El trineo de Matthewson estaba cargado con un montón de sacos de harina.

Сани Метьюсона стояли, повні мішків борошна.

El trineo había permanecido parado durante horas a temperaturas bajo cero.

Сани простояли годинами за мінусової температури.

Los patines del trineo estaban congelados y pegados a la nieve compacta.

Полозья саней міцно примерзли до утрамбованого снігу.

Los hombres ofrecieron dos a uno de que Buck no podría mover el trineo.

Чоловіки поставили два до одного на те, що Бак не зможе зрушити сани.

Se desató una disputa sobre lo que realmente significaba "break out".

Виникла суперечка щодо того, що насправді означає слово «вирватися».

O'Brien dijo que Thornton debería aflojar la base congelada del trineo.

О'Браєн сказав, що Торнтон має розпушити замерзлу основу саней.

Buck pudo entonces "escapar" de un comienzo sólido e inmóvil.

Тоді Бак міг «вирватися» з твердого, нерухомого старту.

Matthewson argumentó que el perro también debe liberar a los corredores.

Метьюсон стверджував, що собака також має звільнити бігунів.

Los hombres que habían escuchado la apuesta estuvieron de acuerdo con la opinión de Matthewson.

Чоловіки, які чули про парі, погодилися з точкою зору Метьюсона.

Con esa decisión, las probabilidades aumentaron a tres a uno en contra de Buck.

З цим рішенням шанси зросли до трьох до одного проти Бака.

Nadie se animó a asumir las crecientes probabilidades de tres a uno.

Ніхто не зробив крок вперед, щоб скористатися зростаючими шансами три до одного.

Ningún hombre creyó que Buck pudiera realizar la gran hazaña.

Жоден чоловік не вірив, що Бак здатний на такий великий подвиг.

Thornton se había apresurado a hacer la apuesta, cargado de dudas.

Торнтона, обтяженого сумнівами, поспішно втягнули в цю парі.

Ahora miró el trineo y el equipo de diez perros que estaba a su lado.

Тепер він подивився на сани та упряжку з десяти собак поруч.

Ver la realidad de la tarea la hizo parecer más imposible.

Бачачи реальність завдання, воно здавалося ще більш неможливим.

Matthewson estaba lleno de orgullo y confianza en ese momento.

У той момент Меттьюсон був сповнений гордості та впевненості.

—¡Tres a uno! —gritó—. ¡Apuesto mil más, Thornton!

«Три до одного!» — крикнув він. — «Ставлю ще тисячу, Торнтоне!»

"¿Qué dices?" añadió lo suficientemente alto para que todos lo oyeran.

— Що скажеш? — додав він достатньо голосно, щоб усі почули.

El rostro de Thornton mostraba sus dudas, pero su ánimo se había elevado.

Обличчя Торнтона виражало сумніви, але його дух піднявся.

Ese espíritu de lucha ignoraba las probabilidades y no temía a nada en absoluto.

Цей бойовий дух ігнорував труднощі та нічого не боявся.

Llamó a Hans y Pete para que trajeran todo su dinero a la mesa.

Він зателефонував Гансу та Піту, щоб ті принесли всі свої гроші до столу.

Les quedaba poco: sólo doscientos dólares en total.

У них залишилося мало що — лише двісті доларів разом.

Esta pequeña suma constituía su fortuna total en tiempos difíciles.

Ця невелика сума була їхнім повним статком у важкі часи.

Aún así, apostaron toda su fortuna contra la apuesta de Matthewson.

Однак вони поставили весь статок на ставку Метьюсона.

El equipo de diez perros fue desenganchado y se alejó del trineo.
Десятисобача упряжка була відпряжена та відійшла від саней.
Buck fue colocado en las riendas, vistiendo su arnés familiar.
Бака посадили за віжки, одягнувши свою звичну упряж.
Había captado la energía de la multitud y sentía la tensión.
Він вловив енергію натовпу та відчув напругу.
De alguna manera, sabía que tenía que hacer algo por John Thornton.
Якимось чином він знав, що має щось зробити для Джона Торнтона.
La gente murmuraba con admiración ante la orgullosa figura del perro.
Люди захоплено шепотіли, дивлячись на горду постать собаки.
Era delgado y fuerte, sin un solo gramo de carne extra.
Він був худий і міцний, без жодної зайвої унції плоті.
Su peso total de ciento cincuenta libras era todo potencia y resistencia.
Його повна вага в сто п'ятдесят фунтів була суцільною силою та витривалістю.
El pelaje de Buck brillaba como la seda, espeso y saludable.
Шуба Бака блищала, як шовк, густа від здоров'я та сили.
El pelaje a lo largo de su cuello y hombros pareció levantarse y erizarse.
Хутро на його шиї та плечах ніби дибки стало й щетиною.
Su melena se movía levemente, cada cabello vivo con su gran energía.
Його грива ледь помітно ворухнулася, кожна волосинка ожила від його величезної енергії.
Su pecho ancho y sus piernas fuertes hacían juego con su cuerpo pesado y duro.
Його широкі груди та міцні ноги відповідали його важкій, міцній статурі.

Los músculos se ondulaban bajo su abrigo, tensos y firmes como hierro.
М'язи напружувалися під його пальто, напружені та тверді, як скуте залізо.
Los hombres lo tocaron y juraron que estaba construido como una máquina de acero.
Чоловіки торкалися його й клялися, що він був збудований, як сталева машина.
Las probabilidades bajaron levemente a dos a uno contra el gran perro.
Шанси трохи знизилися до двох до одного проти великого пса.
Un hombre de los bancos Skookum se adelantó, tartamudeando.
Чоловік зі Скукумських лавок просунувся вперед, затинаючись.
—¡Bien, señor! ¡Ofrezco ochocientas libras por él, antes del examen, señor!
«Добре, сер! Пропоную за нього вісімсот... до випробування, сер!»
"¡Ochocientos, tal como está ahora mismo!" insistió el hombre.
«Вісімсот, як він зараз стоїть!» — наполягав чоловік.
Thornton dio un paso adelante, sonrió y meneó la cabeza con calma.
Торнтон ступив уперед, посміхнувся та спокійно похитав головою.
Matthewson intervino rápidamente con una voz de advertencia y el ceño fruncido.
Меттьюсон швидко втрутився попереджувальним голосом і насупився.
—Debes alejarte de él —dijo—. Dale espacio.
«Ти мусиш відійти від нього подалі», — сказав він. «Дай йому простір».
La multitud quedó en silencio; sólo los jugadores seguían ofreciendo dos a uno.
Натовп замовк; лише гравці все ще ставили два до одного.

Todos admiraban la complexión de Buck, pero la carga parecía demasiado grande.
Усі захоплювалися статурою Бака, але вантаж виглядав занадто великим.

Veinte sacos de harina, cada uno de cincuenta libras de peso, parecían demasiados.
Двадцять мішків борошна — кожен вагою п'ятдесят фунтів — здалися занадто великими.

Nadie estaba dispuesto a abrir su bolsa y arriesgar su dinero.
Ніхто не бажав відкривати гаманець і ризикувати грошима.

Thornton se arrodilló junto a Buck y tomó su cabeza con ambas manos.
Торнтон став навколішки поруч із Баком і взяв його голову обома руками.

Presionó su mejilla contra la de Buck y le habló al oído.
Він притиснувся щокою до Бакової і промовив йому на вухо.

Ya no había apretones juguetones ni susurros de insultos amorosos.
Тепер не було жодного грайливого тряски чи шепоту любовних образ.

Él sólo murmuró suavemente: "Tanto como me amas, Buck".
Він лише тихо пробурмотів: «Як би ти мене не любив, Баку».

Buck dejó escapar un gemido silencioso, su entusiasmo apenas fue contenido.
Бак тихо заскиглив, ледве стримуючи своє нетерпіння.

Los espectadores observaron con curiosidad cómo la tensión llenaba el aire.
Очільники з цікавістю спостерігали, як повітря наповнювало напруження.

El momento parecía casi irreal, como algo más allá de la razón.
Цей момент здавався майже нереальним, ніби щось поза межами розумного.

Cuando Thornton se puso de pie, Buck tomó suavemente su mano entre sus mandíbulas.
Коли Торнтон підвівся, Бак обережно взяв його руку в щелепи.
Presionó con los dientes y luego lo soltó lenta y suavemente.
Він натиснув зубами, а потім повільно та обережно відпустив.
Fue una respuesta silenciosa de amor, no dicha, pero entendida.
Це була мовчазна відповідь кохання, не висловлена, а зрозуміла.
Thornton se alejó bastante del perro y dio la señal.
Торнтон відійшов далеко від собаки та подав знак.
—Ahora, Buck —dijo, y Buck respondió con calma y concentración.
«Ну ж бо, Баку», — сказав він, і Бак відповів зосередженим спокійним тоном.
Buck apretó las correas y luego las aflojó unos centímetros.
Бак спочатку затягнув мотузки, а потім послабив їх на кілька дюймів.
Éste era el método que había aprendido; su manera de romper el trineo.
Це був метод, який він вивчив; його спосіб зламати сани.
—¡Caramba! —gritó Thornton con voz aguda en el pesado silencio.
«Гей!» — крикнув Торнтон різким голосом у важкій тиші.
Buck giró hacia la derecha y se lanzó con todo su peso.
Бак повернувся праворуч і зробив ривок щосили.
La holgura desapareció y la masa total de Buck golpeó las cuerdas apretadas.
Провисання зникло, і Бак усією своєю вагою вдарився об вузькі траси.
El trineo tembló y los patines produjeron un crujido crujiente.
Сани затремтіли, а полозки видали хрусткий тріск.
—¡Ja! —ordenó Thornton, cambiando nuevamente la dirección de Buck.

«Гау!» — скомандував Торнтон, знову змінюючи напрямок Бака.

Buck repitió el movimiento, esta vez tirando bruscamente hacia la izquierda.

Бак повторив рух, цього разу різко потягнувши ліворуч.

El trineo crujió más fuerte y los patines crujieron y se movieron.

Сани тріщали голосніше, полозки клацали та зсувалися.

La pesada carga se deslizó ligeramente hacia un lado sobre la nieve congelada.

Важкий вантаж трохи ковзав боком по замерзлому снігу.

¡El trineo se había soltado del sendero helado!

Санки вирвалися з обіймів крижаної стежки!

Los hombres contenían la respiración, sin darse cuenta de que ni siquiera estaban respirando.

Чоловіки затамували подих, навіть не усвідомлюючи, що вони не дихають.

—¡Ahora, TIRA! —gritó Thornton a través del silencio helado.

«А тепер, ТЯГНІТЬ!» — крикнув Торнтон крізь крижану тишу.

La orden de Thornton sonó aguda, como el chasquido de un látigo.

Команда Торнтона пролунала різко, немов клацання батога.

Buck se lanzó hacia adelante con una estocada feroz y estremecedora.

Бак кинувся вперед лютим та різким випадом.

Todo su cuerpo se tensó y se arrugó por la enorme tensión.

Все його тіло напружилося та стиснулося від величезного навантаження.

Los músculos se ondulaban bajo su pelaje como serpientes que cobraban vida.

М'язи напружувалися під його хутром, немов оживаючі змії.

Su gran pecho estaba bajo y la cabeza estirada hacia delante, hacia el trineo.

Його пишні груди були низькими, голова витягнута вперед, до саней.

Sus patas se movían como un rayo y sus garras cortaban el suelo helado.

Його лапи рухалися, мов блискавка, кігті розсікали замерзлу землю.

Los surcos se abrieron profundos mientras luchaba por cada centímetro de tracción.

Канавки були глибокими, поки він боровся за кожен сантиметр зчеплення.

El trineo se balanceó, tembló y comenzó un movimiento lento e inquieto.

Санки захиталися, затремтіли й почали повільний, неспокійний рух.

Un pie resbaló y un hombre entre la multitud gimió en voz alta.

Одна нога послизнулася, і чоловік у натовпі голосно застогнав.

Entonces el trineo se lanzó hacia adelante con un movimiento brusco y espasmódico.

Потім сани різко, різко помчали вперед.

No se detuvo de nuevo: media pulgada... una pulgada... dos pulgadas más.

Воно знову не зупинилося — півдюйма... дюйм... ще два дюйми.

Los tirones se hicieron más pequeños a medida que el trineo empezó a ganar velocidad.

Ривок стихав, коли сани почали набирати швидкість.

Pronto Buck estaba tirando con una potencia suave, uniforme y rodante.

Невдовзі Бак тягнув з плавною, рівномірною, кочливою силою.

Los hombres jadearon y finalmente recordaron respirar de nuevo.

Чоловіки ахнули і нарешті згадали знову дихати.

No se habían dado cuenta de que su respiración se había detenido por el asombro.

Вони не помітили, як у них перехопило подих від благоговіння.
Thornton corrió detrás, gritando órdenes breves y alegres.
Торнтон біг позаду, вигукуючи короткі, бадьорі команди.
Más adelante había una pila de leña que marcaba la distancia.
Попереду була купа дров, яка позначала відстань.
A medida que Buck se acercaba a la pila, los vítores se hacían cada vez más fuertes.
Коли Бак наближався до купи, оплески ставали дедалі голоснішими.
Los aplausos aumentaron hasta convertirse en un rugido cuando Buck pasó el punto final.
Огуки переросли в рев, коли Бак минув кінцеву точку.
Los hombres saltaron y gritaron, incluso Matthewson sonrió.
Чоловіки підстрибували та кричали, навіть Метьюсон розплився в усмішці.
Los sombreros volaron por el aire y los guantes fueron arrojados sin pensar ni rumbo.
Капелюхи злітали в повітря, рукавиці жбурляли без роздумів і мети.
Los hombres se abrazaron y se dieron la mano sin saber a quién.
Чоловіки схопилися один за одного й потиснули руки, не знаючи кому.
Toda la multitud vibró en una celebración salvaje y alegre.
Весь натовп гудів у шаленому, радісному святкуванні.
Thornton cayó de rodillas junto a Buck con manos temblorosas.
Торнтон тремтячими руками опустився на коліна поруч із Баком.
Apretó su cabeza contra la de Buck y lo sacudió suavemente hacia adelante y hacia atrás.
Він притиснув голову до Бака і легенько похитав його туди-сюди.
Los que se acercaron le oyeron maldecir al perro con silencioso amor.

Ті, хто підходив, чули, як він тихо проклинав собаку.
Maldijo a Buck durante un largo rato, suavemente, cálidamente, con emoción.
Він довго лаявся на Бака — тихо, тепло, зворушено.
—¡Bien, señor! ¡Bien, señor! —gritó el rey del Banco Skookum a toda prisa.
«Добре, сер! Добре, сер!» — поспішно вигукнув король лави Скукумів.
—¡Le daré mil, no, mil doscientos, por ese perro, señor!
«Я дам вам тисячу… ні, двісті двісті… за цього собаку, сер!»
Thornton se puso de pie lentamente, con los ojos brillantes de emoción.
Торнтон повільно підвівся на ноги, його очі сяяли емоціями.
Las lágrimas corrían abiertamente por sus mejillas sin ninguna vergüenza.
Сльози відкрито котилися по його щоках без жодного сорому.
"Señor", le dijo al rey del Banco Skookum, firme y firme.
«Пане», — сказав він королю лави Скукумів, твердо та непохитно
—No, señor. Puede irse al infierno, señor. Esa es mi última respuesta.
«Ні, сер. Можете йти до біса, сер. Це моя остаточна відповідь».
Buck agarró suavemente la mano de Thornton con sus fuertes mandíbulas.
Бак ніжно схопив руку Торнтона своїми міцними щелепами.
Thornton lo sacudió juguetonamente; su vínculo era más profundo que nunca.
Торнтон грайливо потиснув його, їхній зв'язок був міцним, як ніколи.
La multitud, conmovida por el momento, retrocedió en silencio.
Натовп, зворушений моментом, мовчки відступив назад.

Desde entonces nadie se atrevió a interrumpir tan sagrado afecto.
Відтоді ніхто не смів переривати таку священну прихильність.

El sonido de la llamada
Звук дзвінка

Buck había ganado mil seiscientos dólares en cinco minutos.
Бак заробив тисячу шістсот доларів за п'ять хвилин.
El dinero permitió a John Thornton pagar algunas de sus deudas.
Ці гроші дозволили Джону Торнтону погасити частину своїх боргів.
Con el resto del dinero se dirigió al Este con sus socios.
З рештою грошей він вирушив на Схід разом зі своїми партнерами.
Buscaban una legendaria mina perdida, tan antigua como el país mismo.
Вони шукали легендарну загублену шахту, таку ж стару, як і сама країна.
Muchos hombres habían buscado la mina, pero pocos la habían encontrado.
Багато чоловіків шукали шахту, але мало хто її знайшов.
Más de unos pocos hombres habían desaparecido durante la peligrosa búsqueda.
Під час небезпечних пошуків зникло чимало чоловіків.
Esta mina perdida estaba envuelta en misterio y vieja tragedia.
Ця втрачена шахта була оповита водночас таємницею та давньою трагедією.
Nadie sabía quién había sido el primer hombre que encontró la mina.
Ніхто не знав, хто першим знайшов шахту.
Las historias más antiguas no mencionan a nadie por su nombre.
У найдавніших оповідях не згадується нікого на ім'я.
Siempre había habido allí una antigua y destartalada cabaña.
Там завжди стояла стара, напівзруйнована хатина.
Los hombres moribundos habían jurado que había una mina al lado de aquella vieja cabaña.

Вмираючі клялися, що поруч із тією старою хатиною була шахта.

Probaron sus historias con oro como ningún otro en ningún otro lugar.

Вони довели свої історії золотом, якого більше ніде не знайти.

Ningún alma viviente había jamás saqueado el tesoro de aquel lugar.

Жодна жива душа ніколи не пограбувала скарб з того місця.

Los muertos estaban muertos, y los muertos no cuentan historias.

Мертві були мертві, а мертві люди не розповідають історій.

Entonces Thornton y sus amigos se dirigieron al Este.

Тож Торнтон та його друзі вирушили на Схід.

Pete y Hans se unieron, trayendo a Buck y seis perros fuertes.

Піт і Ганс приєдналися, привівши Бака та шістьох міцних собак.

Se embarcaron en un camino desconocido donde otros habían fracasado.

Вони вирушили невідомою стежкою, де інші зазнали невдачі.

Se deslizaron en trineo setenta millas por el congelado río Yukón.

Вони проїхали на санчатах сімдесят миль вгору по замерзлій річці Юкон.

Giraron a la izquierda y siguieron el sendero hacia Stewart.

Вони повернули ліворуч і пішли стежкою до річки Стюарт.

Pasaron Mayo y McQuestion y siguieron adelante.

Вони проїхали повз «Майо» та «МакКвістеншн» і продовжували рухатися далі.

El río Stewart se encogió y se convirtió en un arroyo, atravesando picos irregulares.

Стюарт перетворився на потік, що нишпорив між гострими вершинами.
Estos picos afilados marcaban la columna vertebral del continente.
Ці гострі вершини позначали сам хребет континенту.
John Thornton exigía poco a los hombres y a la tierra salvaje.
Джон Торнтон мало що вимагав від людей чи дикої землі.
No temía a nada de la naturaleza y se enfrentaba a lo salvaje con facilidad.
Він нічого не боявся в природі та легко сприймав дику природу.
Con sólo sal y un rifle, podría viajar a donde quisiera.
Маючи лише сіль та гвинтівку, він міг подорожувати, куди забажає.
Al igual que los nativos, cazaba alimentos mientras viajaba.
Як і тубільці, він полював на їжу під час подорожі.
Si no pescaba nada, seguía adelante, confiando en que la suerte le acompañaría.
Якщо він нічого не зловив, то продовжував рухатися, покладаючись на удачу.
En este largo viaje, la carne era lo principal que comían.
Під час цієї довгої подорожі м'ясо було основною їжею, яку вони їли.
El trineo contenía herramientas y municiones, pero no un horario estricto.
У санях було інструменти та боєприпаси, але суворого розкладу не було.
A Buck le encantaba este vagabundeo, la caza y la pesca interminables.
Бак любив ці мандрівки; нескінченне полювання та риболовлю.
Durante semanas estuvieron viajando día tras día.
Тижнями вони подорожували день за днем.
Otras veces montaban campamentos y permanecían allí durante semanas.
Іншим разом вони розбивали табори і залишалися на місці тижнями.

Los perros descansaron mientras los hombres cavaban en la tierra congelada.
Собаки відпочивали, поки чоловіки копали замерзлу землю.
Calentaron sartenes sobre el fuego y buscaron oro escondido.
Вони гріли сковорідки на вогні та шукали заховане золото.
Algunos días pasaban hambre y otros días tenían fiestas.
Інколи вони голодували, а інколи влаштовували бенкети.
Sus comidas dependían de la presa y de la suerte de la caza.
Їхнє харчування залежало від дичини та удачі на полюванні.
Cuando llegaba el verano, los hombres y los perros cargaban cargas sobre sus espaldas.
Коли настало літо, чоловіки та собаки вантажили вантажі на спинах.
Navegaron por lagos azules escondidos en bosques de montaña.
Вони сплавлялися на плотах по блакитних озерах, захованих у гірських лісах.
Navegaban en delgadas embarcaciones por ríos que ningún hombre había cartografiado jamás.
Вони плавали на вузьких човнах річками, які жодна людина ніколи не картографувала.
Esos barcos se construyeron a partir de árboles que cortaban en la naturaleza.
Ці човни були побудовані з дерев, які вони розпиляли в дикій природі.

Los meses pasaron y ellos serpentearon por tierras salvajes y desconocidas.
Минали місяці, і вони петляли крізь дикі невідомі землі.
No había hombres allí, aunque había rastros antiguos que indicaban que había habido hombres.
Чоловіків там не було, проте старі сліди натякали на те, що чоловіки там були.

Si la Cabaña Perdida fue real, entonces otras personas habían pasado por allí alguna vez.
Якщо Загублена Хатина справжня, то цією стежкою колись проходили й інші.
Cruzaron pasos altos en medio de tormentas de nieve, incluso en verano.
Вони перетинали високі перевали у хуртовини, навіть влітку.
Temblaban bajo el sol de medianoche en las laderas desnudas de las montañas.
Вони тремтіли під опівнічним сонцем на голих гірських схилах.
Entre la línea de árboles y los campos de nieve, subieron lentamente.
Між лісовою смугою та сніговими полями вони повільно піднімалися вгору.
En los valles cálidos, aplastaban nubes de mosquitos y moscas.
У теплих долинах вони відлякували хмари комарів та мух.
Recogieron bayas dulces cerca de los glaciares en plena floración del verano.
Вони збирали солодкі ягоди біля льодовиків у повному цвітінні влітку.
Las flores que encontraron eran tan hermosas como las de las Tierras del Sur.
Квіти, які вони знайшли, були такі ж прекрасні, як і ті, що ростуть у Південній країні.
Ese otoño llegaron a una región solitaria llena de lagos silenciosos.
Тієї осені вони дісталися безлюдного краю, повного мовчазних озер.
La tierra estaba triste y vacía, una vez llena de pájaros y bestias.
Земля була сумною та порожньою, колись повною птахів та звірів.
Ahora no había vida, sólo el viento y el hielo formándose en charcos.

Тепер там не було життя, лише вітер та лід, що утворювався в калюжах.
Las olas golpeaban las orillas vacías con un sonido suave y triste.
Хвилі з м'яким, тужливим звуком плескалися об порожні береги.

Llegó otro invierno y volvieron a seguir los viejos y tenues senderos.
Настала ще одна зима, і вони знову йшли ледь помітними старими стежками.
Éstos eran los rastros de hombres que habían buscado mucho antes que ellos.
Це були стежки людей, які шукали задовго до них.
Un día encontraron un camino que se adentraba profundamente en el bosque oscuro.
Одного разу вони знайшли стежку, що прорізалася глибоко в темний ліс.
Era un sendero antiguo y sintieron que la cabaña perdida estaba cerca.
Це була стара стежка, і вони відчували, що загублена хатина була близько.
Pero el sendero no conducía a ninguna parte y se perdía en el espeso bosque.
Але стежка нікуди не віла і зникала в густому лісі.
Nadie sabe quién hizo el sendero ni por qué lo hizo.
Хто б не проклав цей шлях і чому, ніхто не знав.
Más tarde encontraron los restos de una cabaña escondidos entre los árboles.
Пізніше вони знайшли залишки хатини, заховані серед дерев.
Mantas podridas yacían esparcidas donde alguna vez alguien había dormido.
Там, де колись хтось спав, лежали розкидані гнилі ковдри.
John Thornton encontró una pistola de chispa de cañón largo enterrada en el interior.

Джон Торнтон знайшов усередині закопаний крем'яний ручний замок із довгим стволом.
Sabía que se trataba de un cañón de la Bahía de Hudson desde los primeros días de su comercialización.
Він знав, що це гармата Гудзонової затоки ще з перших днів торгівлі.
En aquella época, estas armas se intercambiaban por montones de pieles de castor.
У ті часи такі рушниці вимінювали на купи бобрових шкур.
Eso fue todo: no quedó ninguna pista del hombre que construyó el albergue.
Ось і все — не залишилося жодної натяку на людину, яка збудувала цей будиночок.

Llegó nuevamente la primavera y no encontraron ninguna señal de la Cabaña Perdida.
Знову настала весна, а Загубленої Хатини вони не знайшли жодних ознак.
En lugar de eso encontraron un valle amplio con un arroyo poco profundo.
Натомість вони знайшли широку долину з неглибоким струмком.
El oro se extendía sobre el fondo de las sartenes como mantequilla suave y amarilla.
Золото лежало на дні сковорідок, немов гладке жовте масло.
Se detuvieron allí y no buscaron más la cabaña.
Вони зупинилися там і більше не шукали хатину.
Cada día trabajaban y encontraban miles en polvo de oro.
Щодня вони працювали і знаходили тисячі в золотому пилу.
Empaquetaron el oro en bolsas de piel de alce, de cincuenta libras cada una.
Вони упакували золото в мішки з лосячої шкіри, по п'ятдесят фунтів кожен.

Las bolsas estaban apiladas como leña afuera de su pequeña cabaña.
Мішки були складені, як дрова, біля їхньої маленької хатини.
Trabajaron como gigantes y los días pasaban como sueños rápidos.
Вони працювали як велетні, а дні минали, як швидкі сни.
Acumularon tesoros a medida que los días interminables transcurrían rápidamente.
Вони накопичували скарби, поки нескінченні дні швидко проносилися.
Los perros no tenían mucho que hacer excepto transportar carne de vez en cuando.
Собакам мало що залишалося робити, окрім як час від часу тягати м'ясо.
Thornton cazó y mató el animal, y Buck se quedó tendido junto al fuego.
Торнтон полював і вбивав дичину, а Бак лежав біля вогню.
Pasó largas horas en silencio, perdido en sus pensamientos y recuerdos.
Він проводив довгі години в мовчанні, заглиблений у думки та спогади.
La imagen del hombre peludo venía cada vez más a la mente de Buck.
Образ волохатого чоловіка все частіше спливав у Бака в голові.
Ahora que el trabajo escaseaba, Buck soñaba mientras parpadeaba ante el fuego.
Тепер, коли роботи було мало, Бак мріяв, кліпаючи очима на вогонь.
En esos sueños, Buck vagaba con el hombre en otro mundo.
У тих снах Бак блукав з чоловіком в іншому світі.
El miedo parecía el sentimiento más fuerte en ese mundo distante.
Страх здавався найсильнішим почуттям у тому далекому світі.
Buck vio al hombre peludo dormir con la cabeza gacha.

Бак побачив, як волохатий чоловік спав, низько схиливши голову.

Tenía las manos entrelazadas y su sueño era inquieto y entrecortado.

Його руки були сплетені, а сон був неспокійний і перерваний.

Solía despertarse sobresaltado y mirar con miedo hacia la oscuridad.

Він здригався і прокидався з переляку, вдивляючись у темряву.

Luego echaba más leña al fuego para mantener la llama brillante.

Потім він підкидав ще дров у вогонь, щоб полум'я залишалося яскравим.

A veces caminaban por una playa junto a un mar gris e interminable.

Іноді вони гуляли пляжем біля сірого, безкрайнього моря.

El hombre peludo recogía mariscos y los comía mientras caminaba.

Волохатий чоловік збирав молюсків і їв їх на ходу.

Sus ojos buscaban siempre peligros ocultos en las sombras.

Його очі завжди шукали прихованих небезпек у тіні.

Sus piernas siempre estaban listas para correr ante la primera señal de amenaza.

Його ноги завжди були готові бігти за перших ознак загрози.

Se arrastraron por el bosque, silenciosos y cautelosos, uno al lado del otro.

Вони кралися лісом, мовчки та обережно, пліч-о-пліч.

Buck lo siguió de cerca y ambos se mantuvieron alerta.

Бак ішов за ним по п'ятах, і обидва залишалися напоготові.

Sus orejas se movían y temblaban, sus narices olfateaban el aire.

Їхні вуха сіпалися та рухалися, носи нюхали повітря.

El hombre podía oír y oler el bosque tan agudamente como Buck.

Чоловік чув і відчував запах лісу так само гостро, як і Бак.
El hombre peludo se balanceó entre los árboles con una velocidad repentina.
Волохатий чоловік з раптовою швидкістю промчав крізь дерева.
Saltaba de rama en rama sin perder nunca su agarre.
Він стрибав з гілки на гілку, ніколи не пропускаючи хватки.
Se movió tan rápido sobre el suelo como sobre él.
Він рухався так само швидко над землею, як і по ній.
Buck recordó las largas noches bajo los árboles, haciendo guardia.
Бак згадував довгі ночі під деревами, коли він стежив за ними.
El hombre dormía recostado en las ramas, aferrado fuertemente.
Чоловік спав, вмостившись на гілках, міцно притулившись.
Esta visión del hombre peludo estaba estrechamente ligada al llamado profundo.
Це видіння волохатого чоловіка було тісно пов'язане з глибоким покликом.
El llamado aún resonaba en el bosque con una fuerza inquietante.
Поклик все ще лунав крізь ліс з моторошною силою.
La llamada llenó a Buck de anhelo y una inquieta sensación de alegría.
Дзвінок сповнив Бака тугою та неспокійним відчуттям радості.
Sintió impulsos y agitaciones extrañas que no podía nombrar.
Він відчував дивні пориви та спонукання, які не міг назвати.
A veces seguía la llamada hasta lo profundo del tranquilo bosque.
Іноді він йшов на поклик глибоко в тихий ліс.

Buscó el llamado, ladrando suave o agudamente mientras caminaba.
Він шукав поклику, гавкаючи то тихо, то різко на ходу.
Olfateó el musgo y la tierra negra donde crecían las hierbas.
Він понюхав мох і чорний ґрунт, де росли трави.
Resopló de alegría ante los ricos olores de la tierra profunda.
Він насолоджено пирхнув, вдихаючи насичений запах глибокої землі.
Se agazapó durante horas detrás de troncos cubiertos de hongos.
Він годинами ховався за стовбурами, вкритими грибком.
Se quedó quieto, escuchando con los ojos muy abiertos cada pequeño sonido.
Він стояв нерухомо, широко розплющивши очі, прислухаючись до кожного найменшого звуку.
Quizás esperaba sorprender al objeto que le había hecho el llamado.
Можливо, він сподівався здивувати ту істоту, яка зателефонувала.
Él no sabía por qué actuaba así: simplemente lo hacía.
Він не знав, чому повівся так — він просто так робив.
Los impulsos venían desde lo más profundo, más allá del pensamiento o la razón.
Ці спонукання йшли з глибини душі, з-поза меж думки чи розуму.
Impulsos irresistibles se apoderaron de Buck sin previo aviso ni razón.
Непереборні бажання опанували Бака без попередження чи причини.
A veces dormitaba perezosamente en el campamento bajo el calor del mediodía.
Часом він ліниво дрімав у таборі під полуденною спекою.
De repente, su cabeza se levantó y sus orejas se levantaron en alerta.
Раптом він підвів голову, а вуха насторожилися.
Entonces se levantó de un salto y se lanzó hacia lo salvaje sin detenerse.

Потім він схопився і без зупинки кинувся в дику природу.
Corrió durante horas por senderos forestales y espacios abiertos.
Він годинами бігав лісовими стежками та відкритими просторами.
Le encantaba seguir los lechos de los arroyos secos y espiar a los pájaros en los árboles.
Він любив стежити за висохлими руслами струмків і спостерігати за птахами на деревах.
Podría permanecer escondido todo el día, mirando a las perdices pavonearse.
Він міг цілий день лежати схований, спостерігаючи, як куріпки походжають навколо.
Ellos tamborilearon y marcharon, sin percatarse de la presencia todavía de Buck.
Вони барабанили та марширували, не підозрюючи про все ще присутність Бака.
Pero lo que más le gustaba era correr al atardecer en verano.
Але найбільше він любив бігати влітку в сутінках.
La tenue luz y los sonidos soñolientos del bosque lo llenaron de alegría.
Приглушене світло та сонні лісові звуки наповнювали його радістю.
Leyó las señales del bosque tan claramente como un hombre lee un libro.
Він читав лісові знаки так само чітко, як людина читає книгу.
Y siempre buscaba aquella cosa extraña que lo llamaba.
І він завжди шукав ту дивну річ, яка кликала його.
Ese llamado nunca se detuvo: lo alcanzaba despierto o dormido.
Цей поклик ніколи не припинявся — він досягав його наяву чи уві сні.

Una noche, se despertó sobresaltado, con los ojos alerta y las orejas alerta.

Однієї ночі він прокинувся здригнувшись, з гострим зором і високо нашорошеними вухами.
Sus fosas nasales se crisparon mientras su melena se erizaba en ondas.
Його ніздрі сіпнулися, а грива хвилями стояла наїжачена.
Desde lo profundo del bosque volvió a oírse el sonido, el viejo llamado.
З глибини лісу знову долинув звук, старий поклик.
Esta vez el sonido sonó claro, un aullido largo, inquietante y familiar.
Цього разу звук пролунав чітко, довгим, нав'язливим, знайомим виттям.
Era como el grito de un husky, pero extraño y salvaje en tono.
Це було схоже на крик хаскі, але дивне та дике за тоном.
Buck reconoció el sonido al instante: había oído exactamente el mismo sonido hacía mucho tiempo.
Бак одразу впізнав звук — він чув той самий звук давно.
Saltó a través del campamento y desapareció rápidamente en el bosque.
Він прострибнув крізь табір і швидко зник у лісі.
A medida que se acercaba al sonido, disminuyó la velocidad y se movió con cuidado.
Наближаючись до звуку, він сповільнився та рухався обережно.
Pronto llegó a un claro entre espesos pinos.
Невдовзі він дістався галявини між густими соснами.
Allí, erguido sobre sus cuartos traseros, estaba sentado un lobo de bosque alto y delgado.
Там, прямо на лапах, сидів високий, худий лісовий вовк.
La nariz del lobo apuntaba hacia el cielo, todavía haciendo eco del llamado.
Вовчий ніс був спрямований до неба, все ще відлунюючи поклик.
Buck no había emitido ningún sonido, pero el lobo se detuvo y escuchó.

Бак не видав жодного звуку, проте вовк зупинився і прислухався.
Sintiendo algo, el lobo se tensó y buscó en la oscuridad.
Відчуваючи щось, вовк напружився, вдивляючись у темряву.
Buck apareció sigilosamente, con el cuerpo agachado y los pies quietos sobre el suelo.
Бак непомітно з'явився в полі зору, пригнувшись, ногами стоячи на землі.
Su cola estaba recta y su cuerpo enroscado por la tensión.
Його хвіст був прямий, тіло міцно стиснуте від напруги.
Mostró al mismo tiempo una amenaza y una especie de amistad ruda.
Він виявляв одночасно загрозу та своєрідну грубу дружбу.
Fue el saludo cauteloso que compartían las bestias salvajes.
Це було обережне вітання, яке поділяють дикі звірі.
Pero el lobo se dio la vuelta y huyó tan pronto como vio a Buck.
Але вовк обернувся і втік, щойно побачив Бака.
Buck lo persiguió, saltando salvajemente, ansioso por alcanzarlo.
Бак погнався за ним, шалено стрибаючи, прагнучи наздогнати його.
Siguió al lobo hasta un arroyo seco bloqueado por un atasco de madera.
Він пішов за вовком у пересохлий струмок, перекритий дерев'яним завалом.
Acorralado, el lobo giró y se mantuvo firme.
Загнаний у кут, вовк обернувся і завмер на місці.
El lobo gruñó y mordió a su presa como un perro husky atrapado en una pelea.
Вовк загарчав і огризався, як спійманий хаскі в бійці.
Los dientes del lobo chasquearon rápidamente y su cuerpo se erizó de furia salvaje.
Вовчі зуби швидко клацнули, його тіло аж стискалося від дикої люті.

Buck no atacó, sino que rodeó al lobo con cautelosa amabilidad.

Бак не атакував, а обережно та дружелюбно обійшов вовка.

Intentó bloquear su escape con movimientos lentos e inofensivos.

Він спробував заблокувати свою втечу повільними, нешкідливими рухами.

El lobo estaba cauteloso y asustado: Buck pesaba tres veces más que él.

Вовк був обережний і наляканий — Бак переважував його втричі.

La cabeza del lobo apenas llegaba hasta el enorme hombro de Buck.

Голова вовка ледве сягала масивного плеча Бака.

Al acecho de un hueco, el lobo salió disparado y la persecución comenzó de nuevo.

Спостерігаючи за проміжком, вовк кинувся тікати, і погоня почалася знову.

Varias veces Buck lo acorraló y el baile se repitió.

Кілька разів Бак заганяв його в кут, і танець повторювався.

El lobo estaba delgado y débil, de lo contrario Buck no podría haberlo atrapado.

Вовк був худий і слабкий, інакше Бак не зміг би його спіймати.

Cada vez que Buck se acercaba, el lobo giraba y lo enfrentaba con miedo.

Щоразу, як Бак наближався, вовк обертався і злякано дивився йому в обличчя.

Luego, a la primera oportunidad, se lanzó de nuevo al bosque.

Тоді за першої ж нагоди він знову кинувся в ліс.

Pero Buck no se dio por vencido y finalmente el lobo comenzó a confiar en él.

Але Бак не здавався, і врешті-решт вовк почав йому довіряти.

Olió la nariz de Buck y los dos se pusieron juguetones y alertas.
Він понюхав Бака до носа, і вони вдвох стали грайливими та пильними.
Jugaban como animales salvajes, feroces pero tímidos en su alegría.
Вони гралися, як дикі звірі, люті, але водночас сором'язливі у своїй радості.
Después de un rato, el lobo se alejó trotando con calma y propósito.
Через деякий час вовк спокійно й цілеспрямовано побіг геть.
Le demostró claramente a Buck que tenía la intención de que lo siguieran.
Він чітко показав Баку, що має намір за ним стежити.
Corrieron uno al lado del otro a través de la penumbra del crepúsculo.
Вони бігли пліч-о-пліч крізь сутінковий морок.
Siguieron el lecho del arroyo hasta el desfiladero rocoso.
Вони йшли руслом струмка вгору в скелясту ущелину.
Cruzaron una divisoria fría donde había comenzado el arroyo.
Вони перетнули холодну вододіл, де починався потік.
En la ladera más alejada encontraron un extenso bosque y numerosos arroyos.
На дальньому схилі вони знайшли широкий ліс і багато струмків.
Por esta vasta tierra corrieron durante horas sin parar.
Через цю неосяжну землю вони бігли годинами без зупинки.
El sol salió más alto, el aire se calentó, pero ellos siguieron corriendo.
Сонце піднялося вище, повітря потеплішало, але вони бігли далі.
Buck estaba lleno de alegría: sabía que estaba respondiendo a su llamado.

Бак був сповнений радості — він знав, що відповідає на своє покликання.

Corrió junto a su hermano del bosque, más cerca de la fuente del llamado.

Він біг поруч зі своїм лісовим братом, ближче до джерела поклику.

Los viejos sentimientos regresaron, poderosos y difíciles de ignorar.

Старі почуття повернулися, сильні та важкі для ігнорування.

Éstas eran las verdades detrás de los recuerdos de sus sueños.

Це була правда, що стояла за спогадами з його снів.

Todo esto ya lo había hecho antes, en un mundo distante y sombrío.

Він уже робив усе це раніше у далекому й тіньовому світі.

Ahora lo hizo de nuevo, corriendo salvajemente con el cielo abierto encima.

Тепер він знову це зробив, шалено бігаючи під відкритим небом угорі.

Se detuvieron en un arroyo para beber del agua fría que fluía.

Вони зупинилися біля струмка, щоб напитися холодної проточної води.

Mientras bebía, Buck de repente recordó a John Thornton.

Поки Бак пив, він раптом згадав про Джона Торнтона.

Se sentó en silencio, desgarrado por la atracción de la lealtad y el llamado.

Він мовчки сів, розриваючись між вірністю та покликанням.

El lobo siguió trotando, pero regresó para impulsar a Buck a seguir adelante.

Вовк побіг далі риссю, але повернувся, щоб підштовхнути Бака вперед.

Le olisqueó la nariz y trató de convencerlo con gestos suaves.

Він понюхав носом і спробував умовити його м'якими жестами.

Pero Buck se dio la vuelta y comenzó a regresar por donde había venido.
Але Бак розвернувся і пішов назад тим самим шляхом, яким прийшов.
El lobo corrió a su lado durante un largo rato, gimiendo silenciosamente.
Вовк довго біг поруч з ним, тихо скиглячи.
Luego se sentó, levantó la nariz y dejó escapar un largo aullido.
Потім він сів, задер носа і протяжно завив.
Fue un grito triste, que se suavizó cuando Buck se alejó.
Це був тужливий крик, який стихав, коли Бак відходив.
Buck escuchó mientras el sonido del grito se desvanecía lentamente en el silencio del bosque.
Бак прислухався, як звук крику повільно затих у лісовій тиші.
John Thornton estaba cenando cuando Buck irrumpió en el campamento.
Джон Торнтон саме вечеряв, коли Бак увірвався до табору.
Buck saltó sobre él salvajemente, lamiéndolo, mordiéndolo y haciéndolo caer.
Бак шалено стрибнув на нього, облизуючи, кусаючи та перекидаючи його.
Lo derribó, se subió encima y le besó la cara.
Він збив його з ніг, виліз наверх і поцілував його в обличчя.
Thornton lo llamó con cariño "hacer el tonto en general".
Торнтон з ніжністю називав це «гранням у дурня».
Mientras tanto, maldijo a Buck suavemente y lo sacudió de un lado a otro.
Весь цей час він ніжно лаяв Бака та тряс його туди-сюди.
Durante dos días y dos noches enteras, Buck no abandonó el campamento ni una sola vez.
Протягом двох цілих днів і ночей Бак жодного разу не виходив з табору.
Se mantuvo cerca de Thornton y nunca lo perdió de vista.
Він тримався близько до Торнтона і ніколи не випускав його з поля зору.

Lo siguió mientras trabajaba y lo observó mientras comía.
Він слідував за ним, коли той працював, і спостерігав, поки той їв.
Acompañaba a Thornton con sus mantas por la noche y lo salía cada mañana.
Він бачив Торнтона вночі, закутаного в ковдри, і щоранку, коли той виходив.
Pero pronto el llamado del bosque regresó, más fuerte que nunca.
Але невдовзі лісовий поклик повернувся, голосніший, ніж будь-коли раніше.
Buck volvió a inquietarse, agitado por los pensamientos del lobo salvaje.
Бак знову занепокоївся, схвильований думками про дикого вовка.
Recordó el terreno abierto y correr uno al lado del otro.
Він пам'ятав відкриту місцевість і біг пліч-о-пліч.
Comenzó a vagar por el bosque una vez más, solo y alerta.
Він знову почав блукати лісом, сам і пильний.
Pero el hermano salvaje no regresó y el aullido no se escuchó.
Але дикий брат не повернувся, і виття не було чути.
Buck comenzó a dormir a la intemperie, manteniéndose alejado durante días.
Бак почав спати надворі, не маючи його цілими днями.
Una vez cruzó la alta divisoria donde había comenzado el arroyo.
Одного разу він перетнув високий вододіл, де починався струмок.
Entró en la tierra de la madera oscura y de los arroyos anchos y fluidos.
Він увійшов у край темних лісів та широких потоків.
Durante una semana vagó en busca de señales del hermano salvaje.
Протягом тижня він блукав, шукаючи сліди дикого брата.
Mataba su propia carne y viajaba con pasos largos e incansables.

Він забивав власну м'ясо та мандрував довгими, невтомними кроками.

Pescaba salmón en un ancho río que llegaba al mar.

Він ловив лосося в широкій річці, яка сягала моря.

Allí luchó y mató a un oso negro enloquecido por los insectos.

Там він бився і вбив чорного ведмедя, розлюченого комахами.

El oso estaba pescando y corrió ciegamente entre los árboles.

Ведмідь ловив рибу і наосліп біг по деревах.

La batalla fue feroz y despertó el profundo espíritu de lucha de Buck.

Битва була запеклою, пробудивши глибокий бойовий дух Бака.

Dos días después, Buck regresó y encontró glotones en su presa.

Через два дні Бак повернувся і знайшов росомах на місці своєї здобичі.

Una docena de ellos se pelearon con furia y ruidosidad por la carne.

Кілька з них у гучній люті сварилися через м'ясо.

Buck cargó y los dispersó como hojas en el viento.

Бак кинувся в атаку та розвіяв їх, немов листя на вітрі.

Dos lobos permanecieron atrás, silenciosos, sin vida e inmóviles para siempre.

Два вовки залишилися позаду — мовчазні, безжиттєві та нерухомі назавжди.

La sed de sangre se hizo más fuerte que nunca.

Жага крові стала сильнішою, ніж будь-коли.

Buck era un cazador, un asesino, que se alimentaba de criaturas vivas.

Бак був мисливцем, убивцею, який харчувався живими істотами.

Sobrevivió solo, confiando en su fuerza y sus sentidos agudos.

Він вижив сам, покладаючись на свою силу та гостре чуття.

Prosperó en la naturaleza, donde sólo los más resistentes podían vivir.
Він процвітав у дикій природі, де могли жити лише найвитриваліші.
A partir de esto, un gran orgullo surgió y llenó todo el ser de Buck.
Від цього піднялася величезна гордість і сповнила всю істоту Бака.
Su orgullo se reflejaba en cada uno de sus pasos, en el movimiento de cada músculo.
Його гордість проявлялася в кожному кроці, у зворушенні кожного м'яза.
Su orgullo era tan claro como sus palabras, y se reflejaba en su manera de comportarse.
Його гордість була очевидна, як слово, що видно було з того, як він себе поводив.
Incluso su grueso pelaje parecía más majestuoso y brillaba más.
Навіть його густе пальто виглядало величніше та сяяло яскравіше.
Buck podría haber sido confundido con un lobo gigante.
Бака могли сплутати з велетенський лісовий вовк.
A excepción del color marrón en el hocico y las manchas sobre los ojos.
За винятком коричневого кольору на морді та плям над очима.
Y la raya blanca de pelo que corría por el centro de su pecho.
І біла смуга хутра, що тягнулася посередині його грудей.
Era incluso más grande que el lobo más grande de esa feroz raza.
Він був навіть більший за найбільшого вовка тієї лютої породи.
Su padre, un San Bernardo, le dio tamaño y complexión robusta.
Його батько, сенбернар, дав йому розміри та міцну статуру.

Su madre, una pastora, moldeó esa masa hasta darle forma de lobo.
Його мати, пастушка, надала цій туші вовкоподібну форму.
Tenía el hocico largo de un lobo, aunque más pesado y ancho.
У нього була довга вовча морда, хоча й важча та ширша.
Su cabeza era la de un lobo, pero construida en una escala enorme y majestuosa.
Його голова була вовчою, але масивної, величної статури.
La astucia de Buck era la astucia del lobo y de la naturaleza.
Хитрість Бака була хитрістю вовка та дикої природи.
Su inteligencia provenía tanto del pastor alemán como del san bernardo.
Його інтелект походив як від німецької вівчарки, так і від сенбернара.
Todo esto, más la dura experiencia, lo convirtieron en una criatura temible.
Все це, плюс суворий досвід, зробило його грізною істотою.
Era tan formidable como cualquier bestia que vagaba por las tierras salvajes del norte.
Він був таким же грізним, як і будь-який звір, що бродив північною дикістю.
Viviendo sólo de carne, Buck alcanzó el máximo nivel de su fuerza.
Живучи лише м'ясом, Бак досяг повного піку своєї сили.
Rebosaba poder y fuerza masculina en cada fibra de él.
Він переповнював силу та чоловічу силу кожною своєю клітиною.
Cuando Thornton le acarició la espalda, sus pelos brillaron con energía.
Коли Торнтон погладив його по спині, волосся заіскрилося енергією.
Cada cabello crujió, cargado con el toque de un magnetismo vivo.

Кожна волосинка потріскувала, заряджена дотиком живого магнетизму.
Su cuerpo y su cerebro estaban afinados al máximo nivel posible.
Його тіло і мозок були налаштовані на найтонший можливий звук.
Cada nervio, fibra y músculo trabajaba en perfecta armonía.
Кожен нерв, волокно та м'яз працювали в ідеальній гармонії.
Ante cualquier sonido o visión que requiriera acción, él respondía instantáneamente.
На будь-який звук чи образ, що вимагав дії, він реагував миттєво.
Si un husky saltaba para atacar, Buck podía saltar el doble de rápido.
Якби хаскі стрибнув для атаки, Бак міг би стрибнути вдвічі швидше.
Reaccionó más rápido de lo que los demás pudieron verlo o escuchar.
Він відреагував швидше, ніж інші могли його побачити чи почути.
La percepción, la decisión y la acción se produjeron en un momento fluido.
Сприйняття, рішення та дія з'явилися в один плавний момент.
En realidad, estos actos fueron separados, pero demasiado rápidos para notarlos.
Насправді, ці дії були окремими, але надто швидкими, щоб їх помітити.
Los intervalos entre estos actos fueron tan breves que parecían uno solo.
Проміжки між цими діями були настільки короткими, що вони здавалися одним цілим.
Sus músculos y su ser eran como resortes fuertemente enrollados.
Його м'язи та тіло були схожі на туго натягнуті пружини.
Su cuerpo rebosaba de vida, salvaje y alegre en su poder.

Його тіло вирувало життям, дике та радісне у своїй силі.
A veces sentía como si la fuerza fuera a estallar fuera de él por completo.
Часом йому здавалося, що вся ця сила ось-ось вирветься з нього повністю.
"Nunca vi un perro así", dijo Thornton un día tranquilo.
«Ніколи не було такого собаки», — сказав Торнтон одного тихого дня.
Los socios observaron a Buck alejarse orgullosamente del campamento.
Партнери спостерігали, як Бак гордо крокував з табору.
"Cuando lo crearon, cambió lo que un perro puede ser", dijo Pete.
«Коли його створили, він змінив те, ким може бути собака», — сказав Піт.
—¡Por Dios! Yo también lo creo —respondió Hans rápidamente.
«Боже мій! Я й сам так думаю», — швидко погодився Ганс.
Lo vieron marcharse, pero no el cambio que vino después.
Вони бачили, як він відійшов, але не бачили зміни, яка сталася потім.
Tan pronto como entró en el bosque, Buck se transformó por completo.
Щойно Бак увійшов до лісу, він повністю перетворився.
Ya no marchaba, sino que se movía como un fantasma salvaje entre los árboles.
Він більше не крокував, а рухався, як дикий привид серед дерев.
Se quedó en silencio, con pasos de gato, un destello que pasaba entre las sombras.
Він замовк, ступаючи, як котячі ноги, немов проблиск крізь тіні.
Utilizó la cubierta con habilidad, arrastrándose sobre su vientre como una serpiente.
Він вміло користувався укриттям, повзаючи на животі, як змія.

Y como una serpiente, podía saltar hacia adelante y atacar en silencio.
І, як змія, він міг стрибнути вперед і вдарити безшумно.
Podría robar una perdiz nival directamente de su nido escondido.
Він міг вкрасти куріпку прямо з її захованого гнізда.
Mató conejos dormidos sin hacer un solo sonido.
Він убивав сплячих кроликів без жодного звуку.
Podía atrapar ardillas en el aire cuando huían demasiado lentamente.
Він міг ловити бурундуків у повітрі, коли ті тікали надто повільно.
Ni siquiera los peces en los estanques podían escapar de sus ataques repentinos.
Навіть риба в калюжах не могла уникнути його раптових ударів.
Ni siquiera los castores más inteligentes que arreglaban presas estaban a salvo de él.
Навіть розумні бобри, що лагодили дамби, не були від нього в безпеці.
Él mataba por comida, no por diversión, pero prefería matar a sus propias víctimas.
Він вбивав заради їжі, а не заради розваги, але найбільше любив власні вбивства.
Aun así, un humor astuto impregnaba algunas de sus cacerías silenciosas.
І все ж, деякі з його мовчазних полювань пронизували лукаві почуття.
Se acercó sigilosamente a las ardillas, pero las dejó escapar.
Він підкрався близько до білок, але дав їм втекти.
Iban a huir hacia los árboles, parloteando con terrible indignación.
Вони збиралися втекти до дерев, галасуючи від жахливого обурення.
A medida que llegaba el otoño, los alces comenzaron a aparecer en mayor número.

З настанням осені лосі почали з'являтися у більшій кількості.

Avanzaron lentamente hacia los valles bajos para encontrarse con el invierno.
Вони повільно просувалися в низькі долини, щоб зустріти зиму.

Buck ya había derribado a un ternero joven y perdido.
Бак уже встиг збити одне молоде, безпритульне теля.

Pero anhelaba enfrentarse a presas más grandes y peligrosas.
Але він прагнув зіткнутися з більшою, небезпечнішою здобиччю.

Un día, en la divisoria, a la altura del nacimiento del arroyo, encontró su oportunidad.
Одного дня на вододілі, біля витоків струмка, він знайшов свій шанс.

Una manada de veinte alces había cruzado desde tierras boscosas.
Стадо з двадцяти лосів перейшло з лісистих угідь.

Entre ellos había un poderoso toro; el líder del grupo.
Серед них був могутній бик; ватажок групи.

El toro medía más de seis pies de alto y parecía feroz y salvaje.
Бик сягав понад шість футів на зріст і виглядав лютим та диким.

Lanzó sus anchas astas, con catorce puntas ramificándose hacia afuera.
Він розкинув свої широкі роги, чотирнадцять кінчиків яких розгалужувалися назовні.

Las puntas de esas astas se extendían siete pies de ancho.
Кінчики цих рогів простягалися на сім футів завширшки.

Sus pequeños ojos ardieron de rabia cuando vio a Buck cerca.
Його маленькі очі палали люттю, коли він помітив Бака неподалік.

Soltó un rugido furioso, temblando de furia y dolor.
Він видав лютий рев, тремтячи від люті та болю.

Una punta de flecha sobresalía cerca de su flanco, emplumada y afilada.
Біля його бока стирчав кінець стріли, оперений та гострий.
Esta herida ayudó a explicar su humor salvaje y amargado.
Ця рана допомагала пояснити його дикий, озлоблений настрій.
Buck, guiado por su antiguo instinto de caza, hizo su movimiento.
Бак, керований давнім мисливським інстинктом, зробив свій хід.
Su objetivo era separar al toro del resto de la manada.
Він мав на меті відокремити бика від решти стада.
No fue una tarea fácil: requirió velocidad y una astucia feroz.
Це було нелегке завдання — потрібні були швидкість і люта хитрість.
Ladró y bailó cerca del toro, fuera de su alcance.
Він гавкав і танцював біля бика, трохи поза межами досяжності.
El alce atacó con enormes pezuñas y astas mortales.
Лось кинувся вперед, використовуючи величезні копита та смертоносні роги.
Un golpe podría haber acabado con la vida de Buck en un instante.
Один удар міг би вмить обірвати життя Бака.
Incapaz de dejar atrás la amenaza, el toro se volvió loco.
Не в змозі залишити загрозу позаду, бик розлютився.
Él cargó con furia, pero Buck siempre se le escapaba.
Він люто кинувся в атаку, але Бак завжди вислизав.
Buck fingió debilidad, lo que lo alejó aún más de la manada.
Бак удавав слабкість, відманюючи його далі від стада.
Pero los toros jóvenes estaban a punto de atacar para proteger al líder.
Але молоді бики збиралися кинутися у відповідь, щоб захистити лідера.
Obligaron a Buck a retirarse y al toro a reincorporarse al grupo.

Вони змусили Бака відступити, а бика — приєднатися до групи.

Hay una paciencia en lo salvaje, profunda e imparable.

У дикій природі панує терпіння, глибоке та нестримне.

Una araña espera inmóvil en su red durante incontables horas.

Павук нерухомо чекає у своїй павутині незліченну кількість годин.

Una serpiente se enrosca sin moverse y espera hasta que llega el momento.

Змія звивається клубком, не сіпаючись, і чекає, поки настане час.

Una pantera acecha hasta que llega el momento.

Пантера чатує в засідці, поки не настане слушний момент.

Ésta es la paciencia de los depredadores que cazan para sobrevivir.

Це терпіння хижаків, які полюють, щоб вижити.

Esa misma paciencia ardía dentro de Buck mientras se quedaba cerca.

Те саме терпіння палало в Баку, поки він залишався поруч.

Se quedó cerca de la manada, frenando su marcha y sembrando el miedo.

Він тримався біля стада, уповільнюючи його хід і сіяючи страх.

Provocaba a los toros jóvenes y acosaba a las vacas madres.

Він дражнив молодих биків і переслідував корів-матерей.

Empujó al toro herido hacia una rabia más profunda e impotente.

Він довів пораненого бика до ще глибшої, безпорадної люті.

Durante medio día, la lucha se prolongó sin descanso alguno.

Півдня бій тривав без жодної перерви.

Buck atacó desde todos los ángulos, rápido y feroz como el viento.

Бак атакував з усіх боків, швидкий і лютий, як вітер.

Impidió que el toro descansara o se escondiera con su manada.

Він не давав бику відпочити чи сховатися разом зі своїм табуном.

Buck desgastó la voluntad del alce más rápido que su cuerpo.

Бак вимотував волю лося швидше, ніж його тіло.

El día transcurrió y el sol se hundió en el cielo del noroeste.

День минув, і сонце низько опустилося на північно-західному небі.

Los toros jóvenes regresaron más lentamente para ayudar a su líder.

Молоді бики поверталися повільніше, щоб допомогти своєму ватажку.

Las noches de otoño habían regresado y la oscuridad ahora duraba seis horas.

Повернулися осінні ночі, і темрява тепер тривала шість годин.

El invierno los estaba empujando cuesta abajo hacia valles más seguros y cálidos.

Зима тиснула їх униз, у безпечніші, тепліші долини.

Pero aún así no pudieron escapar del cazador que los retenía.

Але вони все ще не могли втекти від мисливця, який їх стримував.

Sólo una vida estaba en juego: no la de la manada, sino la de su líder.

На кону було лише одне життя — не життя стада, а лише життя їхнього ватажка.

Eso hizo que la amenaza fuera distante y no su preocupación urgente.

Це робило загрозу далекою та не такою, що їх турбувала нагально.

Con el tiempo, aceptaron ese coste y dejaron que Buck se llevara al viejo toro.

З часом вони погодилися на цю ціну і дозволили Баку взяти старого бика.

Al caer la tarde, el viejo toro permanecía con la cabeza gacha.

Коли сутінки опустилися, старий бик стояв, опустивши голову.

Observó cómo la manada que había guiado se desvanecía en la luz que se desvanecía.

Він спостерігав, як стадо, яке він очолював, зникає у згасаючому світлі.

Había vacas que había conocido, terneros que una vez había engendrado.

Там були корови, яких він знав, телята, яких він колись був батьком.

Había toros más jóvenes con los que había luchado y gobernado en temporadas pasadas.

Були молодші бики, з якими він бився та правив у минулих сезонах.

No pudo seguirlos, pues frente a él estaba agazapado nuevamente Buck.

Він не міг іти за ними, бо перед ним знову присів Бак.

El terror despiadado con colmillos bloqueó cualquier camino que pudiera tomar.

Безжальний ікластий жах перегороджував йому кожен шлях.

El toro pesaba más de trescientos kilos de densa potencia.

Бик важив понад три центнери щільної сили.

Había vivido mucho tiempo y luchado con ahínco en un mundo de luchas.

Він прожив довго і наполегливо боровся у світі боротьби.

Pero ahora, al final, la muerte vino de una bestia muy inferior a él.

І все ж тепер, зрештою, смерть прийшла від звіра, який був набагато нижчим за нього.

La cabeza de Buck ni siquiera llegó a alcanzar las enormes rodillas del toro.

Голова Бака навіть не піднялася до величезних, згорблених колін бика.

A partir de ese momento, Buck permaneció con el toro noche y día.

З того моменту Бак залишався з биком день і ніч.

Nunca le dio descanso, nunca le permitió pastar ni beber.
Він ніколи не давав йому спокою, ніколи не дозволяв пастися чи пити.
El toro intentó comer brotes tiernos de abedul y hojas de sauce.
Бик намагався поїсти молоді березові пагони та листя верби.
Pero Buck lo ahuyentó, siempre alerta y siempre atacando.
Але Бак відігнав його, завжди напоготові та завжди атакуючи.
Incluso ante arroyos que goteaban, Buck bloqueó cada intento de sed.
Навіть біля струмків, що стікали по дзижчах, Бак блокував кожну спраглу спробу.
A veces, desesperado, el toro huía a toda velocidad.
Іноді, у відчаї, бик тікав щодуху.
Buck lo dejó correr, trotando tranquilamente detrás, nunca muy lejos.
Бак дозволив йому бігти, він спокійно біг позаду, ніколи не відставав далеко.
Cuando el alce se detuvo, Buck se acostó, pero se mantuvo listo.
Коли лось зупинився, Бак ліг, але залишився напоготові.
Si el toro intentaba comer o beber, Buck atacaba con toda furia.
Якщо бик намагався їсти чи пити, Бак ударяв з усією люттю.
La gran cabeza del toro se hundió aún más bajo sus enormes astas.
Величезна голова бика опустилася нижче під його величезними рогами.
Su paso se hizo más lento, el trote se hizo pesado, un paso tambaleante.
Його крок сповільнився, рись стала важкою; повільна хода.
A menudo se quedaba quieto con las orejas caídas y la nariz pegada al suelo.

Він часто стояв нерухомо, опустивши вуха та притиснувши носа до землі.

Durante esos momentos, Buck se tomó tiempo para beber y descansar.

У ці моменти Бак знаходив час, щоб випити та відпочити.

Con la lengua afuera y los ojos fijos, Buck sintió que la tierra estaba cambiando.

Висунувши язика, втупившись у очі, Бак відчув, як змінюється місцевість.

Sintió algo nuevo moviéndose a través del bosque y el cielo.

Він відчув щось нове, що рухалося лісом і небом.

A medida que los alces regresaban, también lo hacían otras criaturas salvajes.

Коли повернулися лосі, повернулися й інші дикі істоти.

La tierra se sentía viva, con presencia, invisible pero fuertemente conocida.

Земля ожила своєю присутністю, невидима, але водночас дуже відома.

No fue por el sonido, ni por la vista, ni por el olfato que Buck supo esto.

Бак знав це не за звуком, не за зірком, не за запахом.

Un sentimiento más profundo le decía que nuevas fuerzas estaban en movimiento.

Глибше відчуття підказувало йому, що рухаються нові сили.

Una vida extraña se agitaba en los bosques y a lo largo de los arroyos.

Дивне життя вирувало лісами та вздовж струмків.

Decidió explorar este espíritu, después de que la caza se completara.

Він вирішив дослідити цього духа після завершення полювання.

Al cuarto día, Buck finalmente logró derribar al alce.

На четвертий день Бак нарешті збив лося.

Se quedó junto a la presa durante un día y una noche enteros, alimentándose y descansando.

Він залишався біля здобичі цілий день і ніч, годуючи та відпочиваючи.

Comió, luego durmió, luego volvió a comer, hasta que estuvo fuerte y lleno.

Він їв, потім спав, потім знову їв, доки не зміцнів і не наситився.

Cuando estuvo listo, regresó hacia el campamento y Thornton.

Коли він був готовий, він повернувся до табору та Торнтона.

Con ritmo constante, inició el largo viaje de regreso a casa.

Рівномірним кроком він розпочав довгу зворотну подорож додому.

Corría con su incansable galope, hora tras hora, sin desviarse jamás.

Він невтомно біг, година за годиною, ні разу не збившись з дороги.

A través de tierras desconocidas, se movió recto como la aguja de una brújula.

Крізь невідомі землі він рухався прямолінійно, як стрілка компаса.

Su sentido de la orientación hacía que el hombre y el mapa parecieran débiles en comparación.

Його відчуття напрямку робило людину та карту слабкими в порівнянні.

A medida que Buck corría, sentía con más fuerza la agitación en la tierra salvaje.

Коли Бак біг, він дедалі сильніше відчував ворух у дикій місцевості.

Era un nuevo tipo de vida, diferente a la de los tranquilos meses de verano.

Це було нове життя, не схоже на життя тихих літніх місяців.

Este sentimiento ya no llegaba como un mensaje sutil o distante.

Це відчуття більше не приходило як ледь помітне чи віддалене послання.

Ahora los pájaros hablaban de esta vida y las ardillas parloteaban sobre ella.
Тепер птахи говорили про це життя, а білки цокали про нього.
Incluso la brisa susurraba advertencias a través de los árboles silenciosos.
Навіть вітерець шепотів попередження крізь мовчазні дерева.
Varias veces se detuvo y olió el aire fresco de la mañana.
Кілька разів він зупинявся і вдихав свіже ранкове повітря.
Allí leyó un mensaje que le hizo avanzar más rápido.
Він прочитав там повідомлення, яке змусило його швидше стрибнути вперед.
Una fuerte sensación de peligro lo llenó, como si algo hubiera salido mal.
Його охопило важке відчуття небезпеки, ніби щось пішло не так.
Temía que se avecinara una calamidad, o que ya hubiera ocurrido.
Він боявся, що лихо наближається — або вже настало.
Cruzó la última cresta y entró en el valle de abajo.
Він перетнув останній хребет і увійшов у долину внизу.
Se movió más lentamente, alerta y cauteloso con cada paso.
Він рухався повільніше, пильніше та обережніше з кожним кроком.
A tres millas de distancia encontró un nuevo rastro que lo hizo ponerse rígido.
За три милі він знайшов свіжий слід, який змусив його заціпеніти.
El cabello de su cuello se onduló y se erizó en señal de alarma.
Волосся на його шиї стало дибки та хвилястим від тривоги.
El sendero conducía directamente al campamento donde Thornton esperaba.
Стежка вела прямо до табору, де чекав Торнтон.
Buck se movió más rápido ahora, su paso era silencioso y rápido.

Бак тепер рухався швидше, його кроки були водночас безшумними та швидкими.
Sus nervios se tensaron al leer señales que otros no verían.
Його нерви напружилися, коли він побачив ознаки, які інші пропустять.
Cada detalle del recorrido contaba una historia, excepto la pieza final.
Кожна деталь на стежці розповідала історію, окрім останньої.
Su nariz le contaba sobre la vida que había transcurrido por allí.
Його ніс розповідав йому про життя, що минуло тут.
El olor le dio una imagen cambiante mientras lo seguía de cerca.
Запах змінював його картину, коли він йшов одразу за ними.
Pero el bosque mismo había quedado en silencio; anormalmente quieto.
Але сам ліс затих; він був неприродно нерухомий.
Los pájaros habían desaparecido, las ardillas estaban escondidas, silenciosas y quietas.
Птахи зникли, білки сховалися, мовчазні та нерухомі.
Sólo vio una ardilla gris, tumbada sobre un árbol muerto.
Він побачив лише одну сіру білку, що лежала на мертвому дереві.
La ardilla se mimetizó, rígida e inmóvil como una parte del bosque.
Білка злилася з натовпом, заціпеніла та нерухома, ніби частина лісу.
Buck se movía como una sombra, silencioso y seguro entre los árboles.
Бак рухався, як тінь, безшумно та впевнено, крізь дерева.
Su nariz se movió hacia un lado como si una mano invisible la tirara.
Його ніс смикнувся вбік, ніби його смикнула невидима рука.

Se giró y siguió el nuevo olor hasta lo profundo de un matorral.
Він повернувся і пішов за новим запахом глибоко в хащі.
Allí encontró a Nig, que yacía muerto, atravesado por una flecha.
Там він знайшов Ніга, що лежав мертвим, пронизаним стрілою.
La flecha atravesó su cuerpo y aún se le veían las plumas.
Стріла пройшла крізь його тіло, пір'я все ще було видно.
Nig se arrastró hasta allí, pero murió antes de llegar para recibir ayuda.
Ніг дотягнувся туди сам, але помер, не дочекавшись допомоги.
Cien metros más adelante, Buck encontró otro perro de trineo.
За сто ярдів далі Бак знайшов ще одного їздового собаку.
Era un perro que Thornton había comprado en Dawson City.
Це був собака, якого Торнтон купив ще в Доусон-Сіті.
El perro se encontraba en una lucha a muerte, agitándose con fuerza en el camino.
Собака щосили бився на стежці, борсаючись на смертельній небезпеці.
Buck pasó a su alrededor, sin detenerse, con los ojos fijos hacia adelante.
Бак обійшов його, не зупиняючись, втупившись уперед.
Desde la dirección del campamento llegaba un canto distante y rítmico.
З боку табору долинав далекий ритмічний спів.
Las voces subían y bajaban en un tono extraño, inquietante y cantarín.
Голоси піднімалися та стихали дивним, моторошним, співучим тоном.
Buck se arrastró hacia el borde del claro en silencio.
Бак мовчки повз до краю галявини.
Allí vio a Hans tendido boca abajo, atravesado por muchas flechas.

Там він побачив Ганса, що лежав обличчям донизу, пронизаного безліччю стріл.
Su cuerpo parecía el de un puercoespín, erizado de plumas.
Його тіло було схоже на дикобраза, вкрите пір'ям.
En ese mismo momento, Buck miró hacia la cabaña en ruinas.
Тієї ж миті Бак подивився в бік зруйнованої хатини.
La visión hizo que se le erizara el pelo de la nuca y de los hombros.
Від цього видовища волосся стало дибки на його шиї та плечах.
Una tormenta de furia salvaje recorrió todo el cuerpo de Buck.
Буря дикої люті прокотилася по всьому тілу Бака.
Gruñó en voz alta, aunque no sabía que lo había hecho.
Він голосно загарчав, хоча й не знав, що це сталося.
El sonido era crudo, lleno de furia aterradora y salvaje.
Звук був сирим, сповненим жахливої, дикунської люті.
Por última vez en su vida, Buck perdió la razón ante la emoción.
Востаннє у своєму житті Бак втратив розум для емоцій.
Fue el amor por John Thornton lo que rompió su cuidadoso control.
Саме кохання до Джона Торнтона порушило його ретельне самовладання.
Los Yeehats estaban bailando alrededor de la cabaña de abetos en ruinas.
Йіхати танцювали навколо зруйнованого ялинового будиночка.
Entonces se escuchó un rugido y una bestia desconocida cargó hacia ellos.
Потім пролунав рев — і невідомий звір кинувся на них.
Era Buck; una furia en movimiento; una tormenta viviente de venganza.
Це був Бак; лють у русі; жива буря помсти.
Se arrojó en medio de ellos, loco por la necesidad de matar.
Він кинувся до них, божевільний від бажання вбивати.

Saltó hacia el primer hombre, el jefe Yeehat, y acertó.
Він стрибнув на першого чоловіка, вождя йехатів, і вдарив прямо в ціль.
Su garganta fue desgarrada y la sangre brotó a chorros.
Його горло було розірване, і кров хлинула струмком.
Buck no se detuvo, sino que desgarró la garganta del siguiente hombre de un salto.
Бак не зупинився, а одним стрибком розірвав горло наступному чоловікові.
Era imparable: desgarraba, cortaba y nunca se detenía a descansar.
Він був невпинний — рвів, рубав, ніколи не зупинявся на відпочинок.
Se lanzó y saltó tan rápido que sus flechas no pudieron tocarlo.
Він кинувся та стрибнув так швидко, що їхні стріли не могли його зачепити.
Los Yeehats estaban atrapados en su propio pánico y confusión.
Їхати були охоплені власною панікою та розгубленістю.
Sus flechas no alcanzaron a Buck y se alcanzaron entre sí.
Їхні стріли промахнулися невдало, а влучили одна в одну.
Un joven le lanzó una lanza a Buck y golpeó a otro hombre.
Один юнак кинув спис у Бака та вдарив іншого чоловіка.
La lanza le atravesó el pecho y la punta le atravesó la espalda.
Спис пронизав його груди, вістря вибило спину.
El terror se apoderó de los Yeehats y se retiraron por completo.
Жах охопив йіхатів, і вони почали повністю відступати.
Gritaron al Espíritu Maligno y huyeron hacia las sombras del bosque.
Вони закричали, накричавши на Злого Духа, і втекли в лісові тіні.
En verdad, Buck era como un demonio mientras perseguía a los Yeehats.

Справді, Бак був схожий на демона, коли переслідував Йіхатів.
Él los persiguió a través del bosque, derribándolos como si fueran ciervos.
Він мчав за ними крізь ліс, збиваючи їх з ніг, немов оленів.
Se convirtió en un día de destino y terror para los asustados Yeehats.
Це став день долі та жаху для переляканих йіхатів.
Se dispersaron por toda la tierra, huyendo lejos en todas direcciones.
Вони розбіглися по всій землі, тікаючи в усіх напрямках.
Pasó una semana entera antes de que los últimos supervivientes se reunieran en un valle.
Минув цілий тиждень, перш ніж останні вижили зустрілися в долині.
Sólo entonces contaron sus pérdidas y hablaron de lo sucedido.
Тільки тоді вони підрахували свої втрати та розповіли про те, що сталося.
Buck, después de cansarse de la persecución, regresó al campamento en ruinas.
Бак, втомившись від погоні, повернувся до зруйнованого табору.
Encontró a Pete, todavía en sus mantas, muerto en el primer ataque.
Він знайшов Піта, все ще в ковдрах, убитим під час першого нападу.
Las señales de la última lucha de Thornton estaban marcadas en la tierra cercana.
Сліди останньої боротьби Торнтона були позначені на землі неподалік.
Buck siguió cada rastro, olfateando cada marca hasta un punto final.
Бак пройшов кожен слід, обнюхуючи кожну позначку до останньої точки.
En el borde de un estanque profundo, encontró al fiel Skeet, tumbado inmóvil.

На краю глибокої ставкової затоки він знайшов вірного Скіта, який лежав нерухомо.

La cabeza y las patas delanteras de Skeet estaban en el agua, inmóviles por la muerte.

Голова та передні лапи Скіта були у воді, нерухомі, як смерть.

La piscina estaba fangosa y contaminada por el agua que salía de las compuertas.

Басейн був каламутний і забруднений стоками зі шлюзових коробок.

Su superficie nublada ocultaba lo que había debajo, pero Buck sabía la verdad.

Його хмарна поверхня приховувала те, що лежало під нею, але Бак знав правду.

Siguió el rastro del olor de Thornton hasta la piscina, pero el olor no lo condujo a ningún otro lugar.

Він відстежив запах Торнтона аж до басейну, але запах більше нікуди не вів.

No había ningún olor que indicara que salía, solo el silencio de las aguas profundas.

Не було чути жодного запаху — лише тиша глибокої води.

Buck permaneció todo el día cerca de la piscina, paseando de un lado a otro del campamento con tristeza.

Весь день Бак провів біля ставу, сумуючи табором.

Vagaba inquieto o permanecía sentado en silencio, perdido en pesados pensamientos.

Він неспокійно блукав або сидів нерухомо, заглиблений у важкі думки.

Él conocía la muerte; el fin de la vida; la desaparición de todo movimiento.

Він знав смерть; кінець життя; зникнення будь-якого руху.

Comprendió que John Thornton se había ido y que nunca regresaría.

Він розумів, що Джона Торнтона більше немає і він ніколи не повернеться.

La pérdida dejó en él un vacío que palpitaba como el hambre.

Втрата залишила в ньому порожнечу, що пульсувала, немов голод.
Pero ésta era un hambre que la comida no podía calmar, por mucho que comiera.
Але це був голод, який їжа не могла вгамувати, скільки б він не їв.
A veces, mientras miraba a los Yeehats muertos, el dolor se desvanecía.
Часом, коли він дивився на мертвих йіхатів, біль зникав.
Y entonces un orgullo extraño surgió dentro de él, feroz y completo.
І тоді всередині нього піднялася дивна гордість, люта та безмежна.
Había matado al hombre, la presa más alta y peligrosa de todas.
Він убив людину, це була найвища та найнебезпечніша дичина з усіх.
Había matado desafiando la antigua ley del garrote y el colmillo.
Він убив, порушуючи стародавній закон палиці та ікла.
Buck olió sus cuerpos sin vida, curioso y pensativo.
Бак обнюхав їхні безжиттєві тіла, з цікавістю та задумою.
Habían muerto con tanta facilidad, mucho más fácil que un husky en una pelea.
Вони померли так легко — набагато легше, ніж хаскі в бійці.
Sin sus armas, no tenían verdadera fuerza ni representaban una amenaza.
Без зброї вони не мали справжньої сили чи загрози.
Buck nunca volvería a temerles, a menos que estuvieran armados.
Бак більше ніколи їх не боятиметься, хіба що вони будуть озброєні.
Sólo tenía cuidado cuando llevaban garrotes, lanzas o flechas.
Він був обережним лише тоді, коли вони носили палиці, списи чи стріли.

Cayó la noche y la luna llena se elevó por encima de las copas de los árboles.
Настала ніч, і повний місяць зійшов високо над верхівками дерев.

La pálida luz de la luna bañaba la tierra con un resplandor suave y fantasmal, como el del día.
Бліде світло місяця заливало землю м'яким, примарним сяйвом, подібним до денного.

A medida que la noche avanzaba, Buck seguía de luto junto al estanque silencioso.
Коли ніч згущалася, Бак все ще сумував біля мовчазної ставкової затоки.

Entonces se dio cuenta de que había un movimiento diferente en el bosque.
Потім він почув якийсь інший шепіт у лісі.

El movimiento no provenía de los Yeehats, sino de algo más antiguo y más profundo.
Ворушіння йшло не від Йіхатів, а від чогось давнішого та глибшого.

Se puso de pie, con las orejas levantadas y la nariz palpando la brisa con cuidado.
Він підвівся, задерши вуха, обережно принюхавшись носом до вітерця.

Desde lejos llegó un grito débil y agudo que rompió el silencio.
Здалеку долинув слабкий, різкий крик, що прорізав тишу.

Luego, un coro de gritos similares siguió de cerca al primero.
Потім одразу за першим пролунав хор подібних криків.

El sonido se acercaba cada vez más y se hacía más fuerte a cada momento que pasaba.
Звук наближався, з кожною миттю ставав голоснішим.

Buck conocía ese grito: venía de ese otro mundo en su memoria.
Бак знав цей крик — він лунав з того іншого світу в його пам'яті.

Caminó hasta el centro del espacio abierto y escuchó atentamente.
Він підійшов до центру відкритого простору й уважно прислухався.
El llamado resonó, múltiple y más poderoso que nunca.
Дзвінок пролунав, багатоголосний і потужніший, ніж будь-коли.
Y ahora, más que nunca, Buck estaba listo para responder a su llamado.
І тепер, як ніколи раніше, Бак був готовий відповісти на своє покликання.
John Thornton había muerto y ya no tenía ningún vínculo con el hombre.
Джон Торнтон помер, і в ньому не залишилося жодного зв'язку з людиною.
El hombre y todos sus derechos humanos habían desaparecido: él era libre por fin.
Людина і всі людські претензії зникли — він нарешті став вільним.
La manada de lobos estaba persiguiendo carne como lo hicieron alguna vez los Yeehats.
Вовча зграя ганялася за м'ясом, як колись йіхати.
Habían seguido a los alces desde las tierras boscosas.
Вони переслідували лосів з лісистих угідь.
Ahora, salvajes y hambrientos de presa, cruzaron hacia su valle.
Тепер, дикі та спраглі здобичі, вони перейшли в його долину.
Llegaron al claro iluminado por la luna, fluyendo como agua plateada.
На залиту місячним сяйвом галявину вони вийшли, текучи, немов срібна вода.
Buck permaneció quieto en el centro, inmóvil y esperándolos.
Бак стояв нерухомо посеред, чекаючи на них.
Su tranquila y gran presencia dejó a la manada en un breve silencio.

Його спокійна, велика присутність приголомшила зграю, і вона на мить змусила її мовчати.

Entonces el lobo más atrevido saltó hacia él sin dudarlo.

Тоді найсміливіший вовк без вагань стрибнув прямо на нього.

Buck atacó rápidamente y rompió el cuello del lobo de un solo golpe.

Бак завдав швидкого удару та зламав вовкові шию одним ударом.

Se quedó inmóvil nuevamente mientras el lobo moribundo se retorcía detrás de él.

Він знову завмер, поки вмираючий вовк виляв позаду нього.

Tres lobos más atacaron rápidamente, uno tras otro.

Ще три вовки швидко напали, один за одним.

Todos retrocedieron sangrando, con la garganta o los hombros destrozados.

Кожен відступив, стікаючи кров'ю, з порізаними горлами або плечима.

Eso fue suficiente para que toda la manada se lanzara a una carga salvaje.

Цього було достатньо, щоб вся зграя кинулася в шалену атаку.

Se precipitaron juntos, demasiado ansiosos y apiñados para golpear bien.

Вони кинулися разом, надто нетерплячі та скупчені, щоб добре вдарити.

La velocidad y habilidad de Buck le permitieron mantenerse por delante del ataque.

Швидкість та майстерність Бака дозволили йому випередити атаку.

Giró sobre sus patas traseras, chasqueando y golpeando en todas direcciones.

Він крутився на задніх лапах, клацаючи крилами та б'ючись у всі боки.

Para los lobos, esto parecía como si su defensa nunca se abriera ni flaqueara.

Вовкам здавалося, що його захист ніколи не відкривався і не хитався.
Se giró y atacó tan rápido que no pudieron alcanzarlo.
Він розвернувся і замахнувся так швидко, що вони не змогли відійти від нього.
Sin embargo, su número le obligó a ceder terreno y retroceder.
Однак їхня кількість змусила його поступитися та відступити.
Pasó junto a la piscina y bajó al lecho rocoso del arroyo.
Він пройшов повз ставок і спустився в кам'янисте русло струмка.
Allí se topó con un empinado banco de grava y tierra.
Там він натрапив на крутий берег з гравію та землі.
Se metió en un rincón cortado durante la antigua excavación de los mineros.
Він пробрався в кутовий виріз під час старої копальної роботи шахтарів.
Ahora, protegido por tres lados, Buck se enfrentaba únicamente al lobo frontal.
Тепер, захищений з трьох боків, Бак стояв проти лише переднього вовка.
Allí se mantuvo a raya, listo para la siguiente ola de asalto.
Там він стояв осторонь, готовий до наступної хвилі штурму.
Buck se mantuvo firme con tanta fiereza que los lobos retrocedieron.
Бак так завзято тримався на своєму, що вовки відступили.
Después de media hora, estaban agotados y visiblemente derrotados.
Через півгодини вони були виснажені та помітно розбиті.
Sus lenguas colgaban y sus colmillos blancos brillaban a la luz de la luna.
Їхні язики звисали, а білі ікла блищали у місячному світлі.
Algunos lobos se tumbaron, con la cabeza levantada y las orejas apuntando hacia Buck.

Кілька вовків лягли, піднявши голови та нашорошивши вуха до Бака.
Otros permanecieron inmóviles, alertas y observando cada uno de sus movimientos.
Інші стояли нерухомо, пильно стежачи за кожним його рухом.
Algunos se acercaron a la piscina y bebieron agua fría.
Кілька людей підійшли до басейну та напилися холодної води.
Entonces un lobo gris, largo y delgado, se acercó sigilosamente.
Потім один довгий, худий сірий вовк тихо підкрався вперед.
Buck lo reconoció: era el hermano salvaje de antes.
Бак упізнав його — це був той самий дикий брат з минулого.
El lobo gris gimió suavemente y Buck respondió con un gemido.
Сірий вовк тихо заскиглив, і Бак відповів йому скиглинням.
Se tocaron las narices, en silencio y sin amenaza ni miedo.
Вони торкнулися носами, тихо, без погрози чи страху.
Luego vino un lobo más viejo, demacrado y lleno de cicatrices por muchas batallas.
Далі йшов старий вовк, виснажений і пошрамований від численних битв.
Buck empezó a gruñir, pero se detuvo y olió la nariz del viejo lobo.
Бак почав гарчати, але зупинився і понюхав ніс старого вовка.
El viejo se sentó, levantó la nariz y aulló a la luna.
Старий сів, задер носа і завив на місяць.
El resto de la manada se sentó y se unió al largo aullido.
Решта зграї сіла та приєдналася до протяжного виття.
Y ahora el llamado llegó a Buck, inconfundible y fuerte.
І ось поклик пролунав до Бака, безпомилковий і сильний.
Se sentó, levantó la cabeza y aulló con los demás.

Він сів, підняв голову та завив разом з іншими.
Cuando terminaron los aullidos, Buck salió de su refugio rocoso.
Коли виття закінчилося, Бак вийшов зі свого кам'янистого укриття.
La manada se cerró a su alrededor, olfateando con amabilidad y cautela.
Зграя оточила його, обнюхуючи його водночас доброзичливо та обережно.
Entonces los líderes dieron un grito y salieron corriendo hacia el bosque.
Тоді ватажки верещали та кинулися геть у ліс.
Los demás lobos los siguieron, aullando a coro, salvajes y rápidos en la noche.
Інші вовки пішли за ними, гавкаючи хором, дико та швидко вночі.
Buck corrió con ellos, al lado de su hermano salvaje, aullando mientras corría.
Бак біг з ними поруч зі своїм диким братом, виючи на бігу.

Aquí la historia de Buck llega bien a su fin.
Тут історія Бака доречно завершується.
En los años siguientes, los Yeehat notaron lobos extraños.
У наступні роки йіхати помітили дивних вовків.
Algunos tenían la cabeza y el hocico de color marrón y el pecho de color blanco.
Деякі мали коричневе забарвлення на голові та мордочках, біле на грудях.
Pero aún más temían una figura fantasmal entre los lobos.
Але ще більше вони боялися примарної постаті серед вовків.
Hablaban en susurros del Perro Fantasma, líder de la manada.
Вони пошепки розмовляли про Собаку-Привида, ватажка зграї.
Este perro fantasma tenía más astucia que el cazador Yeehat más audaz.

Цей Пес-Привид був хитріший, ніж найсміливіший мисливець на йіхатів.
El perro fantasma robó de los campamentos en pleno invierno y destrozó sus trampas.
Собака-привид крав з таборів глибокої зими та розривав їхні пастки.
El perro fantasma mató a sus perros y escapó de sus flechas sin dejar rastro.
Собака-привид убив їхніх собак і безслідно уникнув їхніх стріл.
Incluso sus guerreros más valientes temían enfrentarse a este espíritu salvaje.
Навіть найхоробріші їхні воїни боялися зіткнутися з цим диким духом.
No, la historia se vuelve aún más oscura a medida que pasan los años en la naturaleza.
Ні, історія стає ще темнішою, з роками, що минають у дикій природі.
Algunos cazadores desaparecen y nunca regresan a sus campamentos distantes.
Деякі мисливці зникають і ніколи не повертаються до своїх віддалених таборів.
Otros aparecen con la garganta abierta, muertos en la nieve.
Інших знаходять із розірваним горлом, убитих у снігу.
Alrededor de sus cuerpos hay huellas más grandes que las que cualquier lobo podría dejar.
Навколо їхніх тіл сліди — більші, ніж міг би залишити будь-який вовк.
Cada otoño, los Yeehats siguen el rastro del alce.
Щоосені Йіхати йдуть слідами лося.
Pero evitan un valle con el miedo grabado en lo profundo de sus corazones.
Але вони уникають однієї долини, бо страх глибоко закарбувався в їхніх серцях.
Dicen que el valle fue elegido por el Espíritu Maligno para vivir.
Кажуть, що долину обрав Злий Дух для свого дому.

Y cuando se cuenta la historia, algunas mujeres lloran junto al fuego.
І коли цю історію розповідають, деякі жінки плачуть біля вогню.
Pero en verano, un visitante llega a ese tranquilo valle sagrado.
Але влітку один відвідувач приїжджає до тієї тихої, священної долини.
Los Yeehats no saben de él, ni tampoco pueden entenderlo.
Їхати не знають про нього та й не можуть зрозуміти.
El lobo es grande, revestido de gloria, como ningún otro de su especie.
Вовк — великий, укритий славою, не схожий на жодного іншого в своєму роді.
Él solo cruza el bosque verde y entra en el claro.
Він один переходить через зелений ліс і виходить на лісову галявину.
Allí, el polvo dorado de los sacos de piel de alce se filtra en el suelo.
Там золотий пил з мішків зі шкіри лося просочується в ґрунт.
La hierba y las hojas viejas han ocultado el amarillo al sol.
Трава та старе листя сховали жовтий колір від сонця.
Aquí, el lobo permanece en silencio, pensando y recordando.
Ось вовк стоїть мовчки, думає та згадує.
Aúlla una vez, largo y triste, antes de darse la vuelta para irse.
Він виє один раз — довго та тужливо — перш ніж повертається, щоб піти.
Pero no siempre está solo en la tierra del frío y la nieve.
Однак він не завжди один у країні холоду та снігу.
Cuando las largas noches de invierno descienden sobre los valles inferiores.
Коли довгі зимові ночі опускаються на нижні долини.
Cuando los lobos persiguen a la presa a través de la luz de la luna y las heladas.

Коли вовки переслідують дичину крізь місячне світло та мороз.

Luego corre a la cabeza del grupo, saltando alto y salvajemente.

Потім він біжить на чолі зграї, високо та шалено стрибаючи.

Su figura se eleva sobre las demás y su garganta está llena de canciones.

Його постать височіє над іншими, а горло ожило від пісні.

Es la canción del mundo más joven, la voz de la manada.

Це пісня молодого світу, голос зграї.

Canta mientras corre: fuerte, libre y eternamente salvaje.

Він співає, бігаючи — сильний, вільний і вічно дикий.

www.ingramcontent.com/pod-product-compliance
Lightning Source LLC
Chambersburg PA
CBHW010031040426
42333CB00048B/2794